하나님 찬스

하나님 찬스

저　　　자　조근제

저작권자　조근제

1판 1쇄 발행　2020년 12월 16일

발 행 처　하움출판사
발 행 인　문현광
교　　　정　김은성
편　　　집　조다영
주　　　소　전라북도 군산시 축동안3길 20, 2층(수송동)
I S B N　979-11-6440-718-7

홈페이지　http://haum.kr/
이 메 일　haum1000@naver.com

좋은 책을 만들겠습니다.
하움출판사는 독자 여러분의 의견에 항상 귀 기울이고 있습니다.

이 도서의 국립중앙도서관 출판예정도서목록(CIP)은 서지정보유통지원시스템 홈페이지(http://seoji.nl.go.kr)와
국가자료종합목록 구축시스템(http://kolis-net.nl.go.kr)에서 이용하실 수 있습니다.(CIP제어번호 : CIP2020050190)

하나님 찬스

프롤로그

이 글이 신앙과 삶과의 괴리로 인해 고민하는 이들에게
조금이나마 위로와 힘이 되어줄 수 있기를 바라며….

고등학교 1학년 때부터 신앙생활을 시작하면서 성경도 많이 읽고 기도도 열심히 했다. 그리고 지금까지의 삶 속에서 죄 된 생각을 멀리하고 하나님 말씀대로 살고자 무던히 노력했지만, 나의 육신은 오히려 세상의 쾌락과 헛된 것을 쫓고 있었다.

'하나님, 제가 원하는 삶의 모습은 이것이 아닌데, 나란 존재는 왜 이렇게 살 수밖에 없나요?'하고 하나님께 부르짖어 보기도 했다. 그러나 신앙과 삶의 괴리는 나를 더욱 힘들게 했고 신앙생활을 하는 것이 무거운 짐이 되었다. 무기력한 신앙생활과 신앙에 대한 회의감으로 한참 방황하고 있던 어느 날, 나에게도 '하나님 찬스'를 쓸 기회가 찾아왔다.

아내의 친구이자 대학교 후배가 자신이 다니는 교회 예배에 초청했다. 덤으로 맛있는 스테이크를 사주겠다는 말에 주일 예배에 참석했다. 참석한 예배에서 우리 부부는 목사님의 말씀에 은혜를 받고 회개의 눈물을 흘렸다.

교회가 집에서 다니기에는 먼 거리였지만 목사님의 말씀이 너무나도 좋았기에, 매주 하나님 은혜를 사모하는 마음으로 예배에 나갔다. 아내의 친구들도 기쁜 마음으로 섬겨주어 행복한 마음으로 교회를 다닐 수 있었다.

  목사님 부부는 우리 부부에게 친절하게 대해 주셨고, 바쁜 시간을 쪼개어 부부 상담도 해주셨다. 예배와 교회에서 섬기는 분들의 돌봄과 사랑으로 부부관계도 원만해졌고 믿음도 점차 회복되어갔다. 평생 나를 따라다니던 신앙과 삶의 갈등, 현실에서의 좌절로 일어설 수 없을 만큼 무너졌던 삶이, 예배로의 부름을 받고 기쁨으로 찬양하게 된 것은 하나님이 내 삶에 주시는 선물과 같은 '하나님 찬스'일 것이다.

  그러던 7월의 어느 날, 새벽 기도회에 나가야겠다는 생각이 문득 들었다. 그래서 그다음 날부터 새벽 기도회에 나갔고, 자신의 삶을 돌아보고 믿음의 정진을 위해서 신앙 일기를 쓰기 시작했다. 그렇게 시작한 신앙 일기가 어느덧 한 권의 책이 될 정도의 분량이 되었다.

  그리고 부족하나마 이 책을 내게 된 이유는 지극히 평범한 한 그리스도인이 이 험한 세상 속에서 어떻게 신앙과 삶의 갭을 줄여가고자 노력하고, 하나님의 살아계심을 증거 하며 살아가는지를 함께 나누고 싶어서이다. 그리고 믿음이 없는 이도 하나님께 요청만 하면 함께해 주시고 도움의 손길을 내미시는 분임을 알게 하고 그분께로 인도하고자 하는 바람이 있어서이다.

  마지막으로 인생의 벼랑 끝에 서서 좌절하고 절망하시는 분이 있다면 '나처럼 '하나님 찬스'를 한번 써보는 것은 어떠할는지?' 분명 하나님은 당신이 겸손한 마음으로 요청만 한다면 '하나님의 묘수'를 알려주시고, '생명의 길'이자 '구원의 길'로 인도해 주시리라 확신한다.

"지혜 있는 자는 궁창의 빛과 같이 빛날 것이요 많은 사람을 옳은 데로 돌아오게 한 자는 별과 같이 영원토록 빛나리라."

다니엘서 12:3

목차

4부

신앙의 열매를 맺게 하시는 하나님

5부

심지가 견고한 자를 지키시는 하나님

1부   방황하는 나를 찾아오신 하나님

새로운 제2의 인생을 꿈꾸며 고린도후서 5:17

뒤척이다가 아들이 새벽에 들어오는 소리에 눈을 떴다. 게임에만 빠져 있는 아들이 야속하지만 나무랄 수가 없다. 나 또한 세상의 것에 빠져 헤어 나오지 못했던 시간이 있어서다.

지난주 아내와의 사소한 말다툼 때문에 교회에 가기 싫었지만, 아내의 설득으로 교회에 가게 되었다. 전과는 달리 목사님의 말씀이 가슴에 와닿았고 하염없이 울고 있는 나 자신을 발견했다. 난 '세상의 것'을 추구했지만, 한편으로는 '하나님의 법'을 따라 살기 위해서 수많은 시간 동안 몸부림쳤다. 그런데 쉽게 뭔가가 이루어지지는 않았다.

'성도가 구해야 할 세 가지(1. 하나님의 은총 2. 하나님의 임재 3. 하나님의 영광)'라는 제목을 가지고 목사님이 설교하셨다. 내게는 먼저 하나님의 큰 은혜가 필요하다고 생각했다. 인간의 노력으로 죄에서 벗어나고자 하지만, 쉽게 벗어날 수가 없다. 오직 하나님만이 이 '죄악의 구렁텅이'에서 구원해 주시리라 믿는다.

아무런 이유도 없이 새벽에 눈이 뜨였다. 무심코 일어나서 근처 교회 새벽 기도회에 나가게 되었다. 나의 의지로 교회에 갔다기보다는 하나님의 부르심에 응답하여 교회로 나가게 되었다는 것이 정확한 표현일 것이다.

집 근처의 교회는 내가 모르는 사이 담임목사님이 바뀌셨고 교회에서는 특별 새벽 기도회가 진행되고 있었다. 전에는 교회가 은혜로운 분위기가 아니었는데, 지금은 교회가 조금씩 회복되고 있었다.

지금까지는 내 뜻과 의지를 갖고 세상의 방법으로 살았다. 하지만 이제는 하나님의 음성을 듣고 그 말씀에 순종하며 살아가고 싶다. 고단한 인생의 무거운 짐을 예수님 앞에 내려놓고, 예수님이 주신 그 멍에를 메고 살아가고 싶다.

또한 이 땅에 살면서 나와 같이 삶의 무게를 못 견디고 살아가는 사람에게 하나님이 주시는 구원의 메시지를 전파하는 삶을 살고 싶다. 하나님의 말씀이 굴레가 아니라 하나님과 동행함이 인생의 참 본분이고 기쁨임을 체험하며 살아가고 싶다. 더불어, 세상 속에서 나약한 그리스도인이 아니라 하나님의 살아계시고 역사하심이 나의 삶에서 나타나는 그런 삶을 살아가고 싶다.

이제 그 첫발을 내디뎠다. 사람의 마음은 변하기에 두렵고 떨리는 마음으로 하루를 맞이한다. 더 이상 좌절하는 삶을 살고 싶지 않다. 진정한 그리스도인으로 살아가고 싶다. 하나님의 은혜를 통하여 내 인생의 2막이 열리기를 간절히 기도한다.

내가 너를 지명하며 불렀나니 너는 내 것이라 이사야 43:1

'윙윙'거리는 모기 소리에 잠을 깼다. 피곤한 육신을 일으켜 교회의 새벽 기도회에 갔다. 목사님이 사도행전 3장 1절에서 10절 말씀을 가지고 설교하셨다. 말씀을 들었지만, 마음에 와닿지는 않았다.

지금 담임교회 목사님의 설교가 가장 마음에 와닿는다. 목사님의 깊은 묵상을 통해 나오는 설교 말씀은 매주 나에게 감동과 삶을 살아갈 힘을 준다. 교회를 나와 잠시 묵상하는 동안에 내 입에서 '주께서 내 길 예비하시네.'라는 복음송이 흘러나왔다. 아직은 잘 모르겠지만 이제는 주를 위한 삶을 살아야겠다는 생각이 나의 마음속에서 메아리쳤다.

지난 세월을 돌아보며 내가 왜 이렇게 살아왔는지 마음이 아팠다. 많은 이들에게 고통을 준 것 같다. 특히 아내와 자녀들에게 미안한 마음이 많이 든다. 그리고 직장의 동료와 학생들에게도 최선을 다하지 못한 것이 마음에 걸린다. 이제는 예전의 삶을 버리고 새로운 삶을 살아가고 싶다. 나의 앞길에 지금까지와는 전혀 다른 새로운 인생이 펼쳐지기를 간절히 기도한다.

이상하게도 내 인생의 어려운 순간에 꼭 특별한 목사님을 만나게 되는 것 같다. 하나님께서 내게 조그마한 '은혜의 줄'을 내려 주셨고, 그것을 붙들고 나아갔다.

하지만 두렵고 떨리는 마음으로 하루하루를 맞이한다. 앞으로 경제적인 문제와 다양한 문제들이 나를 기다리고 있다. 하지만 하나님께서 함께하시면 기쁨으로 모든 역경을 이기리라 믿는다.

'내가 믿고 의지하는 하나님은 어떤 분이신가?'라고 한번 생각해 보았다.

첫째, 그분은 하나님의 자녀를 끝까지 책임지신다. 20년 이상의 세월 동안 방황했지만, 그분은 나를 기다려 주시고 시련을 통해서 단련시킨 듯하다. 비록 내가 세상 속에서 헤매고 있었지만 내 영혼 깊은 곳에서는 하나님을 갈구하고 순종하는 삶을 살기를 원하는 마음이 있었다. 사람의 마음 중심을 보시는 하나님이시기에 나를 붙들어 주셨다고 나는 확신한다.

둘째, 하나님은 '용서의 하나님'이시다. 사람들은 이해하지 못해도 하나님은 포기하지 않으시고 끝까지 용서하시고 그분의 자녀를 받아들인다. 나 또한 자녀를 양육하며 하나님의 마음을 조금은 이해할 수 있을 것 같다.

'하나님의 존재를 어떻게 설명할 수 있을까?'라는 질문을 삶 속에서 늘 하게 된다. 하지만 내 마음 깊은 곳에서 요동치는 하나님이 주신 감동과 메아리는 부인할 수가 없다. 내 마음과 입술은 그분을 '아버지'라고 고백하며 묵상하고 찬양하고 있다.

아내가 나를 '진흙 속의 진주'라고 표현했다. 이제는 힘들게 살아온 아내의 인생에 대해 보상해 주고 싶다. 또한, 아내와 자녀들 앞에서 정직하고 신실한 삶을 살아가고 싶다. 그리고 아내의 선택이 옳았다는 것을 증명해 보이고 싶다.

'코람데오'라는 말처럼 늘 하나님 앞에서 신실한 삶을 살아가고 싶다. 오늘도 내 앞에 펼쳐질 놀라운 주의 역사와 영광을 기대하며 하루를 시작한다.

내가 너희를 사람을 낚는 어부가 되게 하리라 마태복음 4:17

세상 사람들은 물질(돈)을 쫓아 살아가고 있다. 나 또한 그들처럼 경제적인 자유를 누리고자 부를 추구하며 살아왔다. 하나님을 알지 못한다면 당연히 이 땅에서 추구하는 것은 부와 권력일 것이다. 사람들은 자기가 원하는 것을 위하여 수단과 방법을 가리지 않으며, 때때로 자기의 목적을 위하여 생명도 하나의 수단으로 삼을 때도 있다.

어제 '동파고 모임'에 참석했다. 후배들의 권유로 모임의 회원이 되었다. 모임에서 나누었던 이야기의 주제는 재테크와 동문에 대한 것이었다. 주변의 동문이나 교사들이 이혼하거나 금전적인 어려움을 겪는 이야기였다. 따지고 보면 나 또한 그러한 가십거리가 될 만한 인생을 살아왔다.

하나님의 은혜에 임하기 전에는 나의 삶이 부끄러워서 사람들 앞에 나서기를 싫어했다. 하지만 지금은 어느 정도는 마음이 움츠리지는 않는다. '무엇이 나를 평안과 함께 자유를 누리게 하는가?' 자신에게 질문해 본다.

달라진 점은 내가 하나님을 나의 아버지라고 고백하고 있으며 그분의 임재하심을 느낀다는 것이다. 내가 하나님의 존재를 인정하는 것과는 무관하게, 그분은 이 세상을 통치하신다.

하나님을 만나기 전에 나는 'nothing'이었으나, 그분을 만난 후에는 'something'이 되었다. 세상 사람들은 나를 별 볼 일 없는 사람으로 여기겠지만, 하나님은 나를 '아들'이라 부르시고 귀하게 여기신다. 그분은 예배의 자리로 나를 부르시고, 날마다 믿음으로 승리하는 삶을 살게 하신다.

난 지금이 '인생의 전환점'이라고 확신한다. 하나님이 주시는 이 기회를 놓친다면 난 모든 삶을 잃어버리게 될 것이다. 그러하기에 난 간절할 수밖에 없고 겸손하게 그분께 나아갈 수밖에 없다. 예전의 삶으로 돌아가는 것은 죽음보다도 싫다.

이 땅의 많은 사건과 사고들 이 모든 것들을 설명할 수는 없다. 그러나 범사에 하나님을 인정하고 그분의 섭리를 깨닫게 되기를 바랄 뿐이다. 내가 부인할 수 없는 사실은, 예수님을 나의 주로 고백하고 그분의 부르심에 응답해서 그분을 쫓아가는 삶을 살고 있다는 것이다.

마가복음 1장에 보면 예수님의 제자들은 생업에 종사하다가 주님의 부르심에 즉각적으로 응답하였다. 그들에게는 주저함이 전혀 없었다. 그들은 생업과 가족도 뒤로 한 채 예수님만을 바라보고 그들의 모든 인생을 그분에게 맡겼다.

예수님과 함께하는 그들의 삶은 어떠했을까? 물론 행복했을 것이다. '의미 없던 그들의 삶'은 '의미 있는 삶'으로 변했을 것이다. 그들에게는 예수님의 부르심이 '인생의 전환점'이 되었다. 지금까지는 나만의 인생을 계획했지만, 이제는 하나님과 함께 나의 인생을 그려나가고 싶다. 나의 삶을 그분의 손에 맡기고 살아가고 싶다.

자기가 원하는 자들을 부르시니 마가복음 3:13

마가복음 3장 7-19절 말씀에는 세 가지 종류의 사람이 등장한다. 첫째, 예수님이 하신 큰일을 듣고 '큰 무리'로 따르는 사람이고, 둘째는 예수님께서 원하시는 자들 즉, 예수님의 제자들이다. 마지막으로는 예수님을 판 '가룟 유다'이다.

나는 그 세 부류의 사람 중에 어떤 사람인지 생각해 보았다. 난 두 번째라고 생각하고 그렇게 믿고 싶다. 이스라엘 민족이 '선민사상'을 가지고 있듯이 나 또한 하나님께서 나를 특별하게 부르셨다고 믿는다. 그리고 그러한 믿음은 하나님께서 주셨다고 생각한다.

'왜 하나님께서 이 시대에 나를 부르실까?', '나같이 연약하고 부족한 인생이, 영혼 구원에 왜 관심이 갈까?', '인생의 고난 가운데 방황하는 영혼들을 보면 왜 안타까운 마음이 들까?', '아무것도 가진 것도 없고 내세울 것 없는 초라한 인생이 왜 '거룩한 불만족'을 가질까?' 하나님께서 수없이 많은 내 질문에 시원하게 답해 주셨으면 좋겠다.

오늘 주어진 하루를 내 인생의 마지막 날인 것처럼 살고 싶다. 더 이상 인생을 허비하지 않고 주님이 주신 소명을 쫓아 불꽃 같은 인생을 살아가고 싶다. 내 인생이 하나님 안에서 날마다 새롭게 태어났으면 한다.

예수님께서 시몬과 안드레를 부르실 때 그들은 지체하지 않고 예수님을 따랐다. 그들도 예수님의 부르심이 있기 전에는 고기를 낚으면서 하루를 연명하는 어부에 불과했다. 하지만 그들이 '예수님의 부르심'에 응답했을 때 그들은 역사의 한 페이지를 장식하는 인물이 되었다.

어제 '스크린 야구'를 하다 다친 손을 치료하러 한의원에 갔다. 침 한 대 한 대를 맞을 때마다 찾아오는 따끔함에 고통스러워하는 내 모습을 보았다. 나 자신이 참으로 연약하다는 것을 다시 한번 깨닫게 되는 순간이었다.

그리고 어제 아내와 딸과 함께 옷을 사려고 쇼핑몰로 향했다. 모녀가 쇼핑하는 동안 난 피곤해서 의자에 앉아 쉬고 있었는데, 아내가 나를 너무 오래 기다리게 만든 것 같아서 아내에게 화를 내고 짜증을 부렸다.

나의 모습은 이렇게 연약하고 불완전하고 미성숙한 면이 많다. 그러함에도 불구하고 예수님은 나를 부르시고 귀하게 여기시며 하나님의 자녀로 삼으셨다. 하나님의 크신 은혜를 생각할 때마다 감사를 안 할 수가 없다.

오늘 나에게 주어진 귀한 삶! 이 삶을 하나님 안에서 아름답고 복되게 누리고 싶다. 그리고 복된 삶을 이웃과 함께 나누고 싶다. 오늘도 내가 만나는 사람마다 이 복을 나누고 싶다.

하늘에 계신 우리 아버지여 마태복음 6:9

교회 수요 예배에 참석했다. 목사님께서 『주기도문 강해』를 3번째로 하셨다. 처음에는 피곤이 밀려와 말씀에 집중하지 못했다. 하지만 점점 말씀에 몰입하게 되었고 참으로 은혜가 되었다.

말씀을 요약하면, 첫째, 하나님을 믿음으로 고백하는 그곳에 하나님은 계신다. 그렇다면 하나님은 이 세상 어느 곳에나 계신다는 것이다. '이것이 인간의 이성으로 이해가 될까?'라는 의문이 든다. 하지만 '수많은 곳에 접속이 가능한 슈퍼컴퓨터를 생각하면 조금은 이해가 되지 않을까?'라는 생각이 들었다.

내가 이해할 수 없다고 하나님이 존재하지 않는다고 말할 수는 없다. 성경이 증거하고 성경 속 믿음의 증인과 나의 삶이 하나님의 살아계심을 증거 한다.

둘째, 우리가 순종할 때 우리는 '하나님의 임재'라는 열매를 맺게 될 것이라고 목사님이 말씀하셨다. 나 또한 지난 세월 동안 하나님께 순종하지 못한 삶을 살았다. 내 뜻대로 살았고 방황하는 광야 생활을 하였다. 내 마음속에는 항상 하나님을 향한 갈급함이 있었으나 쉽게 신앙이 회복되지는 않았다. 성경 속의 인물을 살펴보면 사울은 하나님께 순종하지 않았기에 실패한 인생을 살 수밖에 없었고, 다윗은 하나님께 순종하여 하나님으로부터 '내 마음에 합한 자'라는 칭찬과 함께 사랑을 받았다.

그런데 4주 전부터 나에게도 변화가 조금씩 일어났다. 하나님께서 세상 것을 하나씩 버리게 하시고 하나님께 순종하는 마음을 주셔서 나 또한 하나님의 임재 속에 은혜를 누리게 되었다. '그 감동과 기쁨을 어떻게 표현할 수 있을까?' 이제는 이러한 축복을 꼭 붙들고 싶다.

셋째, 우리는 일반적으로 육신의 세례와 마음의 세례를 받는다. 육신의 세례만 받는 이는 하나님과 관계가 없는 사람이고, 마음으로 세례를 받아도 세상 속에서 승리하며 살아가기는 힘들다.

그러므로 그리스도인에게는 '성령 세례'가 꼭 필요하다. 우리는 성령의 충만함을 받아서, 가는 곳마다 복음을 증거 하며 믿음의 역사가 일어날 수 있도록 '하나님의 도구'로 사용되어야 할 것이다.

넷째, 아브라함, 이삭과 야곱은 하나님으로부터 '약속의 말씀'을 받았다. '하나님의 사람'은 '약속의 사람'이다. 아브라함과 이삭도 완벽한 사람은 아니었다. 그들도 실수가 많은 연약한 인생이었지만, 하나님을 의지하였고 하나님은 그들의 믿음을 보시고 그들의 삶을 축복 가운데로 인도했다.

나는 그들보다 더 연약하고 부족한 인생이다. 하지만 하나님께서 신앙생활 할 때부터 나에게 주신 "많은 사람을 이끌어 내게로 인도하면 하늘의 별같이 빛나게 하리라."라는 약속의 말씀을 부여잡고 '하나님이 인정하는 스타'가 되고 싶다.

다섯째, 가나안땅은 애굽과 비교해서 비옥하지 않았지만, 하나님이 다스리는 곳이었다. 나 또한 내가 사는 형편이 부유하지는 않다. 하지만 하나님이 내 인생의 주인이 되셔서 나의 마음을 다스리시기에 너무나도 행복하다.

지난 세월을 뒤돌아보면 난 애굽을 떠나 광야 생활을 했지만, 이제는 가나안 땅에 가까이 온 것 같다. 자기를 부인하고 하나님을 주인으로 섬기며 순종할 때 나에게는 천국의 기쁨과 행복이 찾아오기 시작했다. 이제는 어떠한 일이 있어도 이 기쁨을 빼앗기지 않도록 깨어서 기도할 것이다. 그리고 날마다 하나님의 은혜를 사모하고 구할 것이다.

난 나 자신을 볼 때 자랑할 것이 거의 없다. 하지만 하나님이 나의 아버지이고 내가 그분의 자녀인 것만은 자신 있게 자랑할 수 있다. '하나님이 통치하시는 그곳'이 '하나님의 나라'이다. 교회를 통해서 나를 통해서 하나님의 나라가 확장되기를 간절히 기도한다.

한적한 곳으로 가사 거기서 기도하시더니 마가복음 1:35

예수님은 많은 사역을 마치시고 피곤하셨지만, 새벽 미명에는 한적한 곳에 가셔서 기도하셨다. 기도하지 않고서는 단 하루라도 승리하는 삶을 살아갈 수 없는 존재가 우리라고 생각한다. 목사님께서 『아무도 보지 않을 때 당신은 누구이십니까?』라는 책을 소개하시면서 아무도 보지 않을 때 자신의 모습은 어떠한지 살펴보라고 하셨다.

지금은 하나님의 은혜 가운데에 거하지만 몇 주 전만 해도 나의 삶은 하나님 앞에서 결코 아름다운 삶이라고 말할 수 없었다. 물론 어떤 사람도 자신 있게 자신이 부끄러움 없는 삶을 살고 있다고 내세울 수 있는 사람은 많지 않을 것이다.

'그리스도인이 하나님의 자녀답게 살아가기 위해서는 무엇이 필요할까?' 첫째, 하나님의 말씀이 필요할 것이다. 시편 1편처럼 "복이 있는 하나님의 사람은 주야로 그 말씀을 묵상하는 자이다."라고 성경은 말하고 있다.

전에는 세상 것들이 내 마음을 채웠지만, 이제는 그러한 것들이 떠나가고 내 심령 가운데에 하나님의 말씀이 날마다 자리를 잡아가고 있다. 비록 힘든 고난의 바다 가운데에 있다 할지라도 하나님을 간절히 찾고 하나님의 은혜를 사모하는 자에게 하나님께서는 말씀의 단비를 내려 주신다고 확신한다.

둘째, 기도의 삶을 살아가야 할 것이다. '하나님과의 교제와 경험'이 기도라고 목사님이 말씀하셨다. 성도는 기도를 통해서 하나님의 임재를 체험하고 새 힘을 얻어 세상과 맞서 승리하는 믿음 생활을 할 수 있는 것이다. 하지만 이러한 기도도 하나님의 약속된 말씀을 근거로 기도해야 기도의 열매를 맺을 수 있다. 하나님의 말씀이 배제된 기도는 단지 '중언부언의 기도'이며 자신의 욕망이 표출된 것이라 할 수 있다.

요즈음 신앙 일기를 쓰거나 자투리 시간에 기도할 때 하나님을 향한 간절한 마음이 내 마음속에 불처럼 일어나는 것을 경험한다. 나 같은 존재가 하나님의 사랑과 인정 속에 회복돼 가는 모습을 볼 때 감사하며, 이제는 하나님 나라의 영광을 위하여 살아가고 싶은 마음이 간절하다. 한 알의 밀알이 썩어져야 싹을 틔우듯이 하나님이 부르시는 그 어느 곳의 낮은 자리에서 기쁨으로 헌신하고 싶다.

경건의 훈련을 통하여, 베드로처럼 시종 앞에서도 주님을 부인하고 부끄러워하던 그러한 모습에서 '부활의 주님'을 만난 후 변화된 베드로처럼 변화되기를 소망한다.

목사님 말씀처럼 기도가 중단되고 기도의 능력을 상실한 신앙인이 내 주변에도 많다. 나 또한 그러한 무기력한 신앙생활을 해왔다. 내가 힘들고 고난 속에 있을 때 주변의 그리스도인과 목사님이 나와 내 가정을 위해서 기도하며 새 힘을 북돋우어 주었듯이 나 또한 그러한 삶을 살아가리라 다짐해 본다.

예수께서 자기에게 어떻게 큰일 행하셨는지 마가복음 5:20

오늘 새벽도 하나님께서 나를 교회로 인도하셨다. 요즈음 평소에 안 하던 일들을 많이 해서인지 몸이 피곤할 때가 많다. 하지만 말씀과 기도를 통해서 새 힘을 공급받아서 하루를 살아갈 수 있다.

오늘 설교 말씀은 '거라사인의 지방'에서 '군대 귀신 들린 사람'을 고치시는 사건에 관한 것이었다. '군대 귀신 들린 그'가 거주하는 곳은, 산 사람이 있는 곳이 아닌 무덤 사이였다. 살아있었지만 산 것이 아니라고 말할 수 있다. 나 또한 은혜가 회복되기 전에는 마음 깊은 곳 아무도 오기를 꺼리는 깊은 흑암 속에서 살고 있었다.

그가 자기의 몸을 해치듯이 나 또한 자신을 자학하는 삶을 살았다. 누구도 원하지 않는 그러한 삶을 그 또한 살기를 원치 않았을 것이다. 그리고 그러한 삶에서 벗어나기를 마음 깊은 곳에서 간절히 바라고 있었을 것이다. 하지만 더러운 귀신에 묶인 그의 삶은 예수님의 도움 없이는 결코 그러한 묶임에서 벗어날 수 없었다.

지금도 주변의 사람들이 더러운 귀신에 사로잡혀서 살아가는 것을 영적인 눈으로 볼 수가 있다. 귀신에 사로잡힌 그러한 자신의 모습을 인식하고 벗어나고자 하지만 쉽게 벗어나지 못하는 이도 있고, 자신이 더러운 귀신에 사로잡혀 있는지 알지도 못하고 살아가는 인생도 있다.

더러운 귀신이란 이 세상의 온갖 추악한 죄악들이라고 말할 수 있다. 그리고 '군대 귀신 들린 자'라 함은 이 '모든 죄악'에 사로잡힌 인간의 모습이라 말할 수 있을 것이다.

그러나 예수님을 만난 그의 삶은 '전도자'로서의 모습으로 변했다. 그는 집으로 돌아가 자기에게 일어났던 일을 전했고, '데가볼리 지방'에서 예수께서 자기에게 행하신 큰일을 전파하였다.

예수님을 진정으로 만난 사람은 '예수 그리스도' 그분이 자기에게 행하신 큰일을 말하지 않을 수가 없다.

그렇다면 '예수님이 나에게 행하신 큰일은 무엇인가?'

최근에 하나님의 은혜가 임한 후에,

첫째 감사의 삶을 살게 되었다. 예수님을 다시 만나기 전에는 주변의 상황이 모두 불평의 대상이었지만, 이제는 모든 것이 감사의 대상으로 바뀌었다.

둘째 기도의 삶을 살게 되었다. 새벽에도 기도하고 틈만 나면 기도하는 자신의 모습을 보게 되었다.

셋째 찬양의 삶을 살게 되었다. 찬양할 때 하나님의 은혜가 임했고 감동적인 삶을 살게 되었다.

넷째 말씀을 묵상하는 삶을 살게 되었다. 약속의 하나님 말씀이 은혜가 되고 믿어지고 그 말씀을 의지하여 기도하게 되었다.

다섯째 전도자의 삶을 살게 되었다. 내가 만나는 사람마다 하나님의 살아 역사 하심을 증거 하게 되었다.

여섯째 직장에서 최선을 다하는 삶을 살게 되었다. 만나는 사람마다 사랑하며 섬기게 되었다.

일곱째 나의 휴대폰 벨 소리가 바뀌었다. 전에는 휴대폰 벨 소리가 세상 노래였는데, 이제는 복음송으로 바뀌었다. 이 외에도 카톡 사진과 프로필 내용 그리고 TV 프로그램 등 날마다 많은 삶의 영역에서 변화의 역사가 일어나고 있다.

예수님을 만난 이의 삶은 변하지 않을 수가 없다. 안 변하는 것이 오히려 이상한 것이다. 예수님을 만나기 전의 나의 삶은 어둠이었고 슬픔이었다. 이러한 슬픔이 얼마나 처절하고 큰 것을 알기에 하나님의 은혜를 받은 내가 이러한 흑암의 권세에 사로잡힌 자를 예수님께로 인도하고 싶다.

하루를 시작하는 이 아침! 아브라함이 복의 근원이 된 것처럼 나와 내 가정이 축복의 통로가 되어서 큰 축복들이 다른 이들에게로 흘러갔으면 한다.

두려워하지 말고 믿기만 하라 마가복음 5:36

어제저녁에 배구를 해서인지 아침에 일어나니 5시 30분이었다. 늦게 하루를 시작해서인지 마음이 조금 분주했다. 예전과는 다른 몸의 상태를 느꼈다. 조금만 무리해도 피곤하고 신체 중의 한 부분은 통증을 느꼈다. '사람이 늙어간다는 것이 이러한 것일까?'라는 생각을 하니 서글픈 마음이 들었다.

말씀으로 돌아와서 예수께서 바닷가에 계실 때 '회당장'중의 하나인 '야이로'라는 이가 예수님을 보고 발아래 엎드리어 딸의 생명을 간절히 간구하였다. 예수님은 그의 간청을 물리치지 않으시고 그와 함께 그의 집으로 나섰다.

집으로 돌아가는 길에 '회당장의 집'에서 그의 딸이 죽었다는 소식을 전해왔다. 하지만 예수님은 회당장에게 "두려워하지 말고 믿기만 하라."라고 말씀하셨다. 그의 집에 도착하자 통곡하는 사람들에게 "아이가 죽은 것이 아니라 잔다."라고 말씀하시자 그들은 예수님의 말씀을 비웃었다. 하지만 예수님은 그들의 비웃음을 뒤로 한 채 '회당장 야이로의 딸'을 살리셨다. 이 사건을 본 사람들은 놀라지 않을 수 없었다.

매일 아니 삶의 순간순간마다 우리는 예수님의 말씀과 세상의 소리를 동시에 듣는다. 세상의 많은 이들은 예수님의 음성보다는 세상의 소리에 귀 기울이고 그 소리에 휩쓸려 인생을 살아간다. 교회에서는 하나님의 말씀을 듣고 하나님의 백성으로 예배하는 삶을 살고, 세상에 나와서는 세상의 가치관과 소리를 따라 하나님을 믿지 않는 다른 사람들과 같은 삶을 산다. 그것이 대부분 교회를 다니는 '우리들의 자화상'일 것이다.

아내는 너무나도 변해버린 나의 모습을 보고 불안해하기도 하고 비정상적이라고 말하기도 한다. '과연 예수님의 말씀을 따라 살아가고자 하는 나의 모습이 잘못된 삶일까?' 항상 세상에 지는 패배적인 삶을 살다 보니 어떤 것이 참된 그리스도인의 모습인지도 분간할 수 없는 세상이 된 것 같다.

나는 미지근한 신앙을 가지고 평생을 사느니 단 하루라도 그리스도인답게 살다가 죽고 싶다. 나에게도 신앙생활을 하면서 쉽게 이야기할 수 없는 두려움들이 있다. 하지만 이 순간에 예수님은 "두려워하지 말고 믿기만 하라."라고 나에게 말씀하신다.

하나님, '회당장 야이로'가 딸을 살리기 위해서 예수님을 향해 간절한 마음과 믿음으로 달려갔듯이 저에게도 그러한 간절함과 믿음을 허락하소서. 그리고 세상 사람들의 비웃음 속에서도 아랑곳하지 않고 자신에게 주어진 일을 묵묵히 감당하신 예수님의 모습을 본받게 하소서. 믿음의 역사가 오늘 주님을 의지하고 따라가길 원하는 저의 삶에도 있게 하소서.

그의 옷에만 손을 대어도 구원을 받으리라 마가복음 5:28

새벽 4시 40분에 시작되는 나의 일과는 쉼이 없다. 먼저 새벽 5시에 예배와 함께 시작된 기도는 5시 45분경에 끝났다. 잠시 후 교회를 나와서 신선한 아침 바람을 맞으며 30분 정도 산책을 했다.

아침 식사 메뉴를 고민하다가 편의점에 들러 우유를 샀다. 간편하게 가족들을 위한 아침 메뉴로 시리얼에 우유를 생각했지만, 건강을 위해 주먹밥을 만드는 것이 낫겠다는 생각이 들어 집에 도착하자마자 김치를 볶고 고추참치와 밥을 섞어 주먹밥을 만들기 시작했다. 마무리 단계에서는 김 가루와 깨소금, 참기름을 넣어서 좀 더 맛을 내었다.

아내가 먹어보더니 아들이 좋아하는 맛이라고 충분히 만들어 놓으라고 했다. 아침을 금식하기 때문에 먹지 않으려고 하다가 맛은 보아야 할 듯해서 조금만 먹어보았다. 맛이 나쁘지는 않았지만 내가 생각한 완벽한 맛은 아니었다.

얼마 전에 내가 묵상했던 말씀을 주제로 새벽 기도회 때에, 목사님이 말씀을 전하셨다. 오늘은 열두 해 동안 '혈루증'을 앓아 온 여인의 마음에 초점을 두고 말씀 묵상을 했다. 12년이란 긴 세월 동안 그 여인은 '혈루증'이라는 병으로 고통받았고, 자신의 전 재산을 탕진했을 것이다. 하지만 나아지는 것은 없고 자신의 병은 더욱 중하여졌다. 그녀는 헤어 나올 수 없는 '절망'에 빠졌다.

바로 그때 그녀는 예수에 관한 소문을 듣게 된다. 아마도 예수님이 귀신을 쫓아내고 병든 자를 고쳐 주신다는 소문이었을 것이다. 그 소문을

31

듣고 그녀의 마음에서 어쩌면 그분이라면 나의 병을 낫게 해줄 수도 있겠다는 '소망'을 갖게 되었을 것이다. 그리고 그녀의 소망은 점점 믿음으로 변하여 예수님의 옷에 손만 대어도 자신의 병이 낫게 될 것이라는 확실한 '믿음'의 단계에까지 이르게 된다.

다음으로 그녀는 자신의 믿음을 실제로 행동에 옮긴다. 모두가 멸시하는 그 여인이 무리 가운데에 끼어든다는 것은 상당한 '용기'가 필요했다. 하지만 그것 외에는 자신이 치료받을 길이 없었기에 그녀는 담대하게 예수님께 나아간 것이다.

예수님이 자신의 능력이 나간 것을 알고 그 여인을 찾자, 그녀는 두려움에 사로잡히게 된다. 그녀는 예수님에 대한 소문은 들었지만, 그분과의 직접적인 만남이 없었기에 예수님을 '두려움'의 존재로 알고 있었다. 하지만 예수님은 그녀의 병을 치료해 주시고 내면적인 평안과 기쁨을 주셨다.

몇 주 전만 해도 나는 절망의 바다에서 허우적대고 있었다. 하지만 하나님께서는 내 영혼의 고통과 처절한 부르짖음을 아시고 직접 찾아와 주셨다. 나 또한 부족한 모습으로 하나님께 나아가기가 쉽지는 않았지만, 하나님 외에는 나를 구원할 분이 없었기에 용기를 내었다.

가끔 신앙이 흔들릴 것 같은 두려운 마음도 들지만 날마다 나에게 평안과 기쁨을 주시는 하나님을, 나를 완전케 하시는 그분을 온전히 믿는다. 오늘도 하나님의 영광을 나타내는 귀한 하루가 되었으면 한다.

이 사람이 어디서 이런 것을 얻었느냐 마가복음 6:2

마가복음 6장을 보면 예수님은 제자들과 함께 고향으로 가신다. 그곳 회당에서 예수님이 가르치기 시작하자 많은 사람이 예수님의 말씀을 듣고 그분의 지혜와 권능에 놀라워한다. 하지만 예수님의 공생애가 시작되기 전, '고향에서 본 예수'인 것을 알고 예수님을 배척한다. 그러자 예수님은 고향에서 소수의 병자만 고치시고 아무 권능도 행하지를 않으신다.

고향 사람들은 아니지만 나 또한 가장 가까이에 있는 아내에게는 나의 신앙을 잘 인정받지는 못하는 것 같다. 아내는 20년 이상 내가 살아가는 거의 모든 모습을 지켜보았다. 그래서 나의 약점을 너무나도 잘 알고 있고 나의 신앙적인 모습이 변하여 가고 있음에도 잘 인정하지 못하고 불신의 감정이 여전히 남아있는 듯하다.

인정받지 못하는 실패의 감정을 경험한 예수님이셨지만, 예수님은 여전히 모든 촌에 두루 다니시며 가르침을 이어가셨다. 또한, 예수님의 제자들을 부르시고 더러운 귀신을 제어하는 권능을 주시고 복음 전파를 명하셨다.

어제 아내와 나눈 잠깐의 대화에서 암울함이 엄습했지만 나 또한 예수님을 본받아 말씀 보고 기도하고 전도하는 일을 계속해야 하겠다고 다짐했다. 살아가면서 실망과 좌절을 경험할 때도 있지만, 그때에도 나의 모든 마음을 헤아려 주시는 하나님께 나아가 모든 것을 내려놓고 그분의 은혜를 구해야 할 것이다.

기도하면서 깨닫게 된 것은 안 좋은 상황 속에서 자꾸 안 좋은 생각만 하다가는 결국 그 상황 속에 매몰되지만, 그때에도 하나님께 모든 것을 맡기고 기도하면 그 상황 속을 벗어날 수 있다는 것이다.

아침에 하용조 목사님의 설교 말씀을 들었다. "나는 평생 질병을 지고 살아왔지만, 그 질병들이 나의 사역을 막을 수는 없었다."라고 고백하셨다. 내가 이러한 비참하고 상한 마음을 경험하는 것도 하나의 과정이라고 믿는다. 하나님께 나의 모든 마음을 내려놓을 때 하나님께서 치유하여 주시고 새 힘을 주셨으면 한다.

항상 우리의 생각 속에는 2가지 영적 세력이 싸운다. 하나는 하나님의 세력과 다른 하나는 귀신의 세력이다. 하나님은 우리를 밝은 빛으로 인도하지만, 귀신은 우리를 어두움으로 이끈다.

그렇다면 '우리가 어둠의 세력과 싸워서 이길 수 있는 비결은 무엇일까?', 에베소서 6:13-17 말씀처럼 하나님의 전신 갑주(진리의 허리띠, 의의 호심경, 평안의 복음이 준비한 것으로 신을 신고, 믿음의 방패, 구원의 투구, 성령의 검 곧 하나님의 말씀)를 취하는 것이다.

우리의 마음이 울적할 때도 여전히 하나님은 우리와 함께하심을 믿음으로 고백해야 할 것이다. 오늘 하루 약간은 무거운 마음으로 시작하였지만 난 말씀과 기도로 온전케 하시는 하나님을 향한 믿음의 경주를 멈추지 않을 것이다. 오늘도 승리케 하시는 하나님의 약속을 붙잡고 살아가는 하루가 되기를 기도한다.

너는 나의 종이라 내가 너를 택하고 이사야 41:9

전에는 알지 못했다. 온누리교회 담임목사님이셨던 하용조 목사님이 이렇게 훌륭하신 분이었는지, 또한 그분과 말씀이 얼마나 능력 있는 말씀인지 깨닫지 못했다. 하지만 유튜브를 통해 이어령 교수의 추모사와 목사님의 추모 동영상(불꽃처럼 타오르다)을 보고 많은 감동을 하였고 '내 인생의 롤모델'로 삼고 싶다는 생각이 들었다.

내 마음에는 아직도 하나님을 향한 강한 열정과 함께 나의 연약함이 공존하고 있다. 이를 극복하기 위해서는 나를 온전케 하시는 예수님을 바라보고 인생의 어려운 순간마다 그분을 의지하고 내 인생의 짐과 마음의 힘듦을 내려놓는 훈련이 필요하다.

하나님 앞에서 위대한 삶을 살았던 목사님에 비해 난 아무것도 아닌 인생이라는 생각이 들었다. 하지만 하나님이 세상 가운데에 방황하는 영혼들을 바라보고 가슴 아파하신다는 생각에 작으나마 하나님이 기뻐하시는 일에 나의 삶을 헌신해야겠다고 다짐했다.

이사야 40:28-31 "너는 알지 못하였느냐 듣지 못하였느냐 영원하신 하나님 여호와, 땅끝까지 창조하신 이는 피곤하지 않으시며 곤비하지 않으시며 명철이 한이 없으시며, 피곤한 자에게는 능력을 주시며 무능한 자에게는 힘을 더하시나니, 소년이라도 피곤하며 곤비하며 장정이라도 넘어지며 쓰러지되, 오직 여호와를 앙망하는 자는 새 힘을 얻으리니 독수리가 날개 치며 올라감 같을 것이요 달음박질하여도 곤비하지 아니하겠고 걸어가도 피곤하지 아니하리로다."

하 목사님의 가정을 살펴볼 때 무엇보다도 자녀들이 잘되기 위해서는 부모가 하나님 앞에서 신앙적으로 올바로 서서, 신령과 진정으로 예배하는 가정으로 이끌어야 한다는 것이다.

이사야 41:8-10 "그러나 나의 종 너 이스라엘아 내가 택한 야곱아 나의 벗 아브라함의 자손아 내가 땅끝에서부터 너를 붙들며 땅 모퉁이에서부터 너를 부르고 네게 이르기를 너는 나의 종이라 내가 너를 택하고 싫어하여 버리지 아니하였다 하였노라. 두려워하지 말라 내가 너와 함께함이라 놀라지 말라 나는 네 하나님이 됨이라 내가 너를 굳세게 하리라 참으로 너를 도와주리라 참으로 나의 의로운 오른손으로 너를 붙들리라."

사도바울이 '아그립바왕' 앞에서 복음을 증거 할 때 '베스도'로부터 "네 많은 학문이 너를 미치게 하였다."라는 말을 들었다. 나는 무언가에 관심이 가면 그것이 좋든지 나쁘든지 완전히 미쳐서 그 일에 몰두한다. 내가 미치도록 사랑하는 일이 하나님이 기뻐하시는 일이 되었으면 하는 바람이다.

오직 여호와를 앙망하는 자는 새 힘을 얻으리니 _{이사야 41:31}

형이 요즈음의 나의 삶을 보며 가수 '황치열'의 「비상」이라는 노래가 생각난다고 하며 카톡으로 동영상 파일을 보내왔다. 나에게 내가 걸어가는 '믿음의 삶'을 위해서 기도해 주는 형이 있다는 게 참으로 감사한 일이다.

7월 말부터 신앙 일기를 쓰기 시작하면서 믿음의 경주를 하며 쉼 없이 달려왔다. 어제는 몸이 너무 무겁고 피곤해서 오늘 일어날 수 있을까 걱정했었다. 그런데 그것은 나의 기우에 불과했다.

알람이 울리기도 전에 나의 눈이 자연스럽게 떠졌고 몸은 너무나도 가볍고 좋았다. 난 '참 희한하네.'라는 생각을 하게 되었다. 하나님께서 나를 깨우시고 기도할 힘을 주셨다고 나는 믿는다.

새벽 기도회 때 목사님께서 마가복음 6:7-13의 말씀을 가지고 설교하셨다. 목사님이 말씀하시길 교회와 성도의 실력은 전도할 때 드러난다고 하셨다. 그리고 성도들에게 "복음 전도에 열정과 열매가 있는가?"라고 질문하셨다. 나는 요즘 열심히 전도하고 있기에 자신 있게 목사님의 질문에 답할 수 있겠다고 생각하였다. 하지만 아직은 복음의 씨앗을 뿌리고 있는 단계이기에 열매를 맺기까지는 약간의 시간은 필요한 것 같다.

전도는 억지로 되는 것은 아니라고 생각한다. 한 사람이 하나님을 만나는 체험과 하나님의 은혜가 없이는 전도는 불가능하다고 생각한다. 물론 복음을 제시하고 교회로 이끌어 올 수는 있을지라도 열매 맺기는 쉽지 않다고 생각한다.

마태복음 25장에 보면 열 처녀 비유가 있다. 열 처녀 모두 등을 가지고 있었다. 하지만 그중에 다섯 처녀는 기름을 준비하지 못했다. 결국, 기름이 준비되지 못한 다섯 처녀는 신랑의 혼인 잔치에 들어가지 못했다.

우리가 신앙생활을 한다고 교회에 다니고는 있지만, 하나님은 우리의 믿음이 참믿음인지 보고 계신다. 예수님을 진정 구주로 영접하고 그분의 임재를 체험하며 동행하는 준비된 믿음을 가진 자만이 예수님이 이 땅에 다시 오실 때 그분을 맞이할 수 있을 것이다.

하나님, 기름을 준비한 '지혜로운 다섯 처녀'처럼 오늘도 저의 삶에 불꽃과 같은 능력의 기도와 예수님이 영혼을 사랑한 그 사랑으로 복음을 증거 하는 삶을 살아가게 하소서. 주위에 영적으로 병든 영혼들과 육체적으로 고통 받는 영혼들이 있습니다. 예수님이 주신 그 권능으로 귀신을 쫓아내고 병든 자를 고치는 하나님의 역사가 오늘 믿음으로 나아가기를 원하는 저의 삶에 나타나게 하소서. 오직 믿음으로 살아가게 하소서.

내가 세상 끝 날까지 너희와 항상 함께 있으리라 마태복음 28:20

요즘 아침 금식을 하고 있다. 하나님께서 내 삶 속에 풍성한 은혜와 내 앞에 놓인 문제를 두고 간절히 기도하고 싶어서이다. '금식의 의미가 무엇일까?' 그것은 자신의 생명을 건다는 것이다. 그만큼 간절한 마음으로 한다는 것이다.

어제는 점심도 금식했다. 그냥 내 마음에 그렇게 하고 싶어서 그렇게 했다. 점심 금식을 하는 동안 잠시 눈을 붙였다. 짧은 시간이었지만 조금의 피로는 가시는 듯했다. 하지만 오후에 업무도 잠깐 보고 연수도 듣고 돌봄 교실에 가서 아이들도 돌보는 동안에 피곤이 몰려와 견딜 수가 없었다.

이상하게도 육체가 피곤하고 마음이 우울할 때는 믿음도 약해지는 느낌을 받는다. 사람의 생각은 수시로 변하고 어떨 때는 믿음이 뜨거워져 모든 것을 할 수 있다는 자신감으로 충만하고, 또 어떨 때는 아무리 기도해도 하나님이 내 기도를 들으시지 않는 것 같다는 불신으로 좌절한다.

하지만 그 어느 때에도 끝까지 주님을 바라보는 것을 멈추어서는 안 될 것이다. 그러한 부정적인 감정도 하나님 앞에 내려놓고 영적인 회복과 성령 충만을 위해 기도해야 할 것이다. 하나님께서는 때가 되면 응답을 주시고 큰 기쁨으로 화답하시기 때문이다.

어제 너무 피곤해서 일찍 잠자리에 들었다. 그래서인지 오늘 새벽 3시 40분에 눈이 뜨였다. 요즘 새벽에 일어나는 것은 나의 의지라기보다는 '하나님의 은혜'라는 생각이 든다. 하나님이 나에게 은혜를 부어 주시고 기도하라고 깨우시는 것이다.

목사님의 "사랑합니다."라는 멘트에 성도들도 어제보다는 크게 "사랑합니다."라고 화답했다. 목사님의 말씀 속에 진실함과 신실함이 묻어 있었다. 어제 점심 금식까지 해서인지 하나님께서 나에게 큰 은혜를 주셔서 기도하는 시간이 너무나도 행복했다.

집으로 와서, 출근하는 아내를 안고 잠시 기도를 해주었다. 하나님께서 오늘 아내의 삶 속에 큰 은혜를 주시고 기쁨으로 충만한 하루가 되기를 기도했다. 내가 생각해도 참 놀랄 일이다. '내가 출근하는 아내를 위해 기도를 하고 있다니!'

살아계셔서 저의 기도를 들으시는 하나님, 오늘도 하나님과 동행하는 삶을 살게 하시며 믿음으로 승리하게 하소서. 영적인 눈과 귀가 열리며, 예수님이 제자들에게 주었던 권세와 능력들이 저에게도 임하는 하루가 되게 하소서.

사람은 외모를 보거니와
여호와는 마음 중심을 보느니라 사무엘상 16:7

어제 아내와 함께 교회 금요 기도회에 참석했다. 요즈음 육체적으로는 힘들지만, 교회로 가는 발걸음은 너무나도 가볍다. 예배당에서 말씀을 듣고 찬양하는 나의 모습을 상상하면 행복하기 그지없다.

7월 말부터 9월의 첫날까지 쉼 없이 달려왔다. 새벽 기도회에 나가고 신앙 일기 쓰며 집안일을 하느라 나의 육체는 피곤했지만, 마음은 기뻤다. 하지만 지나치게 몸을 혹사해서는 안 되겠다는 생각이 들었다.

그리고 나름대로 말씀 보고 기도하며 복음을 전하는 생활을 지속했지만, 때때로 마음이 우울하거나 실망할 때도 있었다. 신앙이 회복되면 모든 것이 풀리고 잘될 거라는 생각을 하고 있었던 것 같다. 하지만 기도의 응답이 더뎌지고 눈에 보이는 것이 없다 보면 하나님이 안 계신 것 같고, 금방 좌절하게 되는 것이 우리의 모습인 것 같다.

하나님의 영광을 위해 불꽃처럼 살아가리라고 다짐했던 나의 마음도 그때가 지나고 나면 마음은 식고 '내가 그렇게 살 수 있을까?' 하는 두려운 마음도 생긴다. 예수님만 믿으면 만사형통할 수는 없지만, 예수님이 세상 끝날까지 함께하신다는 약속을 잊어서는 안 될 것이다.

교회에 가기 위해 운전을 하면서 믿음의 여정 속에서 쓰러지고 넘어지고 있는 자신의 모습을 보며 '그래, 여전히 내가 영적으로 더 성숙해야 하며, 더욱 깊은 믿음의 단계로 나아가야겠다고 다짐했다.

그리고 나의 모습에 실망할 필요도 없고, 실망해서도 안 되겠다는 생각이 들었다. 목사님의 설교를 듣기 전까지는 내가 스스로 오뚝이같이 일어섰다고 생각했는데 그렇지 않고 주님께서 나의 손을 잡아 주셨다는 것을 깨닫게 되었다.

지금까지 살아오면서 하나님이 나를 사랑해 주신 이유는 내가 완벽한 그리스도인으로 살아서이지는 않다는 것을 깨닫게 되었다. 하나님은 나의 마음 중심을 보고 계셨다. "아들아, 말씀대로 살려고 하는데 그렇게 되지 않아서 힘들지? 내가 너의 마음을 안다."라고 하나님은 나에게 말씀하는 것 같다.

금요 기도회에서 목사님이 "교회의 단이 살아있어야 한다."라고 말씀하셨다. 내가 대학생 때에 교회의 단상 앞에서 무릎을 꿇고 새벽까지 눈물로 기도했던 적이 많았다. 그래서 기도하다가 단상 앞에 가서 무릎을 꿇고 기도했다. 기도가 훨씬 잘 되었다. 무릎 꿇음은 하나님 앞에서 겸손히 나아가서 은혜를 갈구하는 내 마음의 표현이었다.

부족했던 삼손이었지만 인생의 마지막 순간에 그는 하나님이 쓰시는 드라마의 주인공으로 쓰임 받았다. 두 눈이 다 뽑히고 놋줄에 매여 맷돌을 돌리는 삼손의 모습은 이 시대에 교회는 다니지만, 예수님 없이 실패하고 절망에 빠져 살아가는 인생의 모습이 아닌지 생각해 보았다.

삼손이 그의 인생의 마지막에 간절히 기도했던 것처럼 오늘 하루도 그 삼손의 마음처럼 간절한 마음으로 기도하며 하나님과 동행하며 '하나님이 쓰시는 드라마의 주인공'으로 살아가고 싶다.

여호와를 기뻐하라 시편 37:1

새벽 기도회에 가기 위해 어젯밤 10시 30분에 잠을 청했다. 그래서인지 새벽에 일어나니 3시였다. 안방의 기운이 답답해서 거실로 나와서 다시 잠을 청했다. 다시 알람 소리에 깨니 새벽 4시 40분이었다.

깨는 순간에 피곤함이 물밀듯 밀려왔지만, 하나님 앞에서 나의 자리를 지키고자 자리를 박차고 일어나 교회로 향했다. 교회로 향하는 발걸음이 가볍지는 않았지만, 나의 마음이 정돈되는 느낌을 받았다.

나의 감정은 좋았다가 나빠질 수도 있지만, 나의 마음 중심은 항상 하나님을 향하고 있다는 것을 깨달았다. 그래서 나의 죄의 짐과 우울하고 허탈한 마음들은 하나님 앞에 내려놓고 순간순간 하나님을 의지하고자 한다.

시편 23편의 "내가 사망의 음침한 골짜기를 다닐지라도 해를 두려워하지 않는 것은 주께서 나와 함께하심이라."라는 말씀처럼 인생의 어렵고 힘든 순간마다 아니 평상시에도 나와 함께하시는 주님으로 인하여 두려워하지 않고 믿음의 고백을 하며 당당하게 나아가기를 원한다.

나는 성경 속에만 있는 '죽은 하나님'을 믿는것이 아니라, 지금도 살아계셔서 '역사를 주관하시고 나의 삶을 간섭하시는 그 하나님'을 믿고 있다. 그러므로 죽은 신앙이 아니라 산 신앙을 가지고 살아가야 할 것이다.

그렇다면 '여호와를 기뻐하라.'는 말씀의 의미는 무엇인가? 영어 성경을 보면 '주 안에서 네 자신이 기뻐하라.'고 해석할 수 있다.

주 안에 있다는 것은 첫째, 예수님이 내 인생의 주인이라는 뜻이다.

누구보다도 나의 인생을 잘 알고 나를 가장 좋은 길로 안내하시는 분에게 인생을 맡길 때 매일의 삶은 행복할 것이다.

둘째, 하나님과 동행하는 삶을 의미한다. 우리는 좋아하는 사람과 여행을 하면 모든 여행의 순간이 즐겁다는 것을 경험했을 것이다. 하물며 그분과 동행하는 삶은 인생 최고의 행복일 것이다.

셋째, 하나님께서 마음의 소원을 이루어주실 것이기 때문이다. "믿음은 바라는 것들의 실상이요. 보지 못하는 것들의 증거이다."라는 말씀처럼 지금 이루어지지는 않았지만 내 입술에 성령의 인침으로 인하여 믿음으로 될 것을 선포하며 나아갈 때 하나님의 놀랍고도 큰 역사를 보게 될 것이다.

오늘 아침에는 김치와 참치를 볶아서 김치참치주먹밥을 만들었다. 오늘 아침 건강한 몸을 주셔서 가족을 위해서 요리할 수 있다는 것이 감사하다. 여전히 나에게는 약점이 많다. 하지만 날마다 주께로 가까이 나가는 그 발걸음이 가볍고 나의 믿음도 날마다 자라고 있어서 기쁘다. 오늘도 주안에서 기뻐하며 승리하는 하루가 되기를 기도한다.

하나님의 뜻으로 말미암아 고린도후서 1:1

참으로 희한하다. 이제는 밤 10시만 넘으면 졸리고, 새벽이 되면 자동으로 눈이 뜨인다. 몸이 이러한 패턴에 적응이 된 것 같다. 그리고 어제부터 무거웠던 머리가 솜털같이 가벼워지고 맑아졌다.

오늘은 기도하는 것도 편해지고 하나님께서 은혜를 주셔서 힘들이지 않고 하나님의 뜻대로 기도하는 것 같다. 하나님은 중언부언하는 것을 싫어하신다. 하나님은 먼저 그의 나라와 의를 구하시기를 원하신다. 이기적이며 자기중심적인 기도는 하나님께서 원하시지도 않고 응답하시지도 않는다.

고린도후서 1장을 살펴보면 사도바울은 자신이 하나님의 뜻으로 말미암아 사도가 되었다고 고백했다. 그리고 그는 아시아에서 복음을 전하며 고난을 받는 가운데에서도 자신을 의지하지 않고 죽은 자를 다시 살리시는 하나님만 의지하였다.

하나님이 부족하고 연약한 나를 교회에 부르시고 7월 말부터 은혜를 부어 주시기 시작한 것은 이유가 있을 것이다. 현재 나는 교사의 직업을 가지고 학교에서 학생들을 가르치고 기도하며 하나님의 자녀답게 살아가고자 힘쓰고 있다. 그것이 지금 나의 소명이고 하나님의 뜻이라고 확신한다.

그리고 특히 학교에서는 소외되고 돌봄이 필요한 영혼을 회복시키는 데 힘을 쏟고 있다. 하나님께서 나에게 ○○를 주신 것은 ○○를 통해서 하나님의 영광이 드러나길 원하시기 때문이라고 나는 믿는다. 하나님의 영광을 위해서 한 영혼과 그의 가족을 위해서 기도하며 나는 나의 시간과 물질을 기꺼이 사용한다.

하나님께서 나에게 아내와 자녀를 주신 것은 모두 하나님의 깊은 뜻이 있을 것이다. 전에는 왜 내게 이런 결혼을 허락하셨는지 하나님을 불평했다. 그때에는 영적인 눈이 어두워서 아무것도 분별하지 못했다. 하지만 지금 아내를 보면 너무나도 감사하고 소중함을 느낀다.

내 삶에 하나님의 은혜가 임하기 시작하고 내가 하나님의 부르심에 순종하기 시작할 때부터 나의 삶은 달라지기 시작했다. 나는 사람들과의 교제를 무척이나 좋아한다. 새벽이 되면 나는 나와 관계가 있는 모든 이를 위해서 먼저 기도한다. 그리고 그들을 만나 이야기를 나누며 하고 복음을 전한다. 왜냐하면 삶의 기쁨과 변화를 나만 간직하기에는 너무나도 벅차기 때문이다.

만약 신학대학원에 가서 공부할 기회가 생긴다면 기독교 교육을 공부하고 싶다. 좀 더 깊이 있고 전문적인 학업을 통해서 하나님의 뜻에 맞게 잘 사용되고 싶다.

내게 변한 것은 아무것도 없다. 다만 나의 마음이 나를 지으시고 나를 통해 영광을 받으시길 원하시는 하나님께로 향해 있는 것뿐이다. 죽은 자도 살리시는 그 하나님이 오늘도 나의 영을 살게 하시고 영적인 눈을 뜨게 하시며 나를 하나님이 사용하여 주시기를 간절히 기도한다.

완전한 데로 나아갈지니라 히브리서 6:1-3

어제도 변함없이 교회 새벽 기도회에 참석했다. 담임목사님이 오셔서 인지 성도들이 더 많이 새벽 기도회에 나온 것 같았다. 목사님의 얼굴과 말투를 보면 작은형이 생각이 난다. 설교하시는 스타일이 작은형과 비슷하기 때문이다.

수업이 끝난 후 오후에 늘 우리 가족을 위해 기도해 주시는 장모님께 전화했다. 요즈음 새벽 기도회에 꾸준히 나간다고 말씀드렸듯이 무척이나 기뻐하셨다. 장모님은 요즈음도 새벽에 2~3시간씩 기도하신다고 하셨다. 정말 감사할 일이다.

지난 주일 예배하는 중에 우리 가족을 위해서 늘 기도하시는 장모님이 생각이 나서 마음에 깊은 감동과 함께 울컥하는 마음이 들었다. 교회의 직분이 다는 아니지만, 장모님이 돌아가시기 전에 교회에서 직분을 맡아서 열심히 봉사하는 모습을 보여드렸으면 한다.

장모님은 우리 가족이 가까운 교회에 등록해서 신앙생활을 하기를 원하시지만, 가까운 교회에는 마음이 끌리지 않는다. 금요 기도회와 주일 예배에 가보았는데 설교 말씀이 와닿지 않고 예배가 지루하다는 생각이 들어서 교회 등록은 하지 않기로 했다.

그리고 형이 소개한 교회의 목장 모임이 궁금해서 형수님의 동생에게 연락했다. 형수님 동생은 담임목사님과 교회에 대하여 자랑스럽게 이야기를 했다. 자랑할 수 있는 교회에 다닐 수 있다는 것은 참으로 복된 것 같다. 아내와 의논하여 추석 명절 뒤에 그 목장 모임에 가기로 했다. 복된 시간이 되었으면 한다.

어제저녁에는 일을 보고 조금 늦게 귀가를 하여 저녁 준비를 하는 것이 부담스러웠는데 아내가 일찍 와서 준비해 주어서 콩나물 불고기를 맛있게 만들어 먹을 수 있었다. 저녁 식사 준비는 내가 하기로 했기에, 조금만 늦어도 눈치가 보인다. 이제 나도 주부가 다 된 것 같다.

쉼 없이 긴장하고 달려온 탓에 몸에 과부하가 걸린 듯 피곤함이 몰려온다. 그래서인지 오늘은 새벽 기도회에 나가지 못했다. 아침 준비도 하고 글도 써야 해서 마음이 분주했다.

말씀으로 돌아와서 히브리서 기자는 히브리서 6장 1절에서 "우리가 그리스도의 초보를 버리고 죽은 행실을 회개함과 하나님께 대한 신앙에 있어서 완전한 데로 나아가라."라고 권면하고 있다.

오늘 아침 연약한 자신의 모습에 약간 영적으로 다운되었지만, 작은 형수님도 내 신앙 일기에 은혜가 된다고 하여 감사함으로 힘을 내어 신앙 일기를 써본다.

주변의 목사님도 훌륭하시다는 '김양재 목사님'도 자신의 부족한 모습에 가슴 아파하며 눈물 흘리며 기도하신다. 죽기 전까지는 인간은 죄성을 지니고 있기에 완벽한 그리스도인의 모습으로 살아가기는 힘들다. 다만 부족하지만 완전하신 하나님께로 가까이 나아갈 뿐이다.

하나님, 나의 나 된 것은 하나님의 전적인 은혜이지, 나의 공로가 아닌 것을 고백합니다. 오늘 하루 지난 시간의 자신을 돌아보고 기도와 말씀 가운데에 새로운 힘을 얻는 하루가 되게 하시고, 기도의 응답을 받는 하루가 되게 하소서.

나를 따라 오려거든 마가복음 8:34

아내가 산책을 원해서 밤늦은 시간에 아파트 주변의 산책로를 걸었다. 산책하는 동안 아내는 친구에 대한 불평을 나에게 쏟아 놓았다. 마가복음 7장 23절에서 "모든 악한 것이 다 속에서 나와서 사람을 더럽게 한다."라고 하였다. 사람의 마음에는 선한 것이 없는 것 같다. 그래서 예수님께서도 "자신을 따라 오려거든 자기를 부인하고 자기 십자가를 지고 따르라."라고 말씀하신 것 같다.

늦은 시각 식사를 한 후에, 잠자리에 들어서인지 새벽 기도회에 가기 위해서 일어나기가 무척이나 힘들었지만 힘듦을 이겨내고 교회로 갔다. 하지만 너무 피곤해서 교회에 가서도 잠시 앉아 있다가 집으로 돌아왔다.

이제 마음에 평화는 찾아왔지만, 열정과 간절함은 조금씩 식어가는 듯하다. 마음에 감동도 없어지고, 신앙 일기를 쓰는 것이 의무처럼 다가왔다. 친분이 있는 '작가 형'의 인정을 받아서 신앙 일기를 모아서 책을 내볼까 하는데 쉽지는 않을 것 같다.

어제 가끔 연락하고 있던 친한 친구에게서 전화가 왔었다. 다음 주 월요일에 명예퇴직 기념으로 식사를 하니 시간이 되면 오라고 하였다. 그 친구는 명예퇴직으로 일시금을 받아 서울 남대문 상가투자를 하였다고 하였다. 또한, 아들도 '스페인 유소년 팀'으로 뽑혀서 간다고 하였다. 자신이 하고 싶은 일을 하는 그 친구가 약간은 부러웠다.

나도 교사를 그만두고 대학원에 가서 기독교 교육이나 신학을 공부하고 싶다. 학교에서 학생들을 가르치는 것이 나쁘지는 않지만, 그렇게 신명이 나는 일도 아니다. 나도 남은 인생은 내가 진정으로 하고 싶은 일을 하며 신바람 나게 살아가고 싶다.

그저께 TV에서 한국 전력 자회사에서 전선 작업을 하던 분이 백혈병으로 사망한 사건을 보았다. 그는 평생 가족들을 위하여 자신의 아픔을 숨긴 채 일하다가 숨을 거두었다. 결국, 산업재해 인정을 받아 가족들이 보상을 받지만, 가족의 슬픔은 너무나도 커 보였다.

그와 비교하면 나는 정말 좋은 직업을 가졌다는 생각이 든다. 하지만 현실은 내 뜻대로 되는 것이 하나도 없는 것 같다. 그래서 가끔 마음이 우울하다. 하지만 내 신앙이 예전과 달라진 것은 나의 마음이 힘들고 삶에 지칠 때, 그 마음까지도 하나님 앞에 내려놓는 것이다.

마가복음 7장 32절에 보면 '사람들이 귀먹고 말 더듬는 자를 예수께 데리고 나와 안수하여 주시기'를 바라는 장면이 있다. 사람들은 예수님께서 그 병자를 치료할 수 있는 유일하신 분이라고 믿었다. 그래서 그 믿음이 있었기에 그곳에 '믿음의 역사'가 일어날 수 있었다.

주님, 여기에 주님을 따르기 위해서 날마다 자신을 부인하고, 자기 십자가를 지고 가고자 하는 하나님의 백성이 있습니다. 여전히 영적으로 나약하고 병들어 있는 몸이지만 주님 앞에 나아가기를 원합니다. 그 병자에게 일어났던 기적처럼, 오늘 저에게도 모든 삶의 문제에서 '에바다의 역사'가 일어나기를 간절히 기도합니다.

내가 너희를 사랑한 것 같이 너희도 서로 사랑하라 요 13:34

몸과 마음이 지쳐서 무척이나 힘들다. 무릎으로 하나님께 나아가지만, 여전히 부족하고 연약한 자신의 모습을 본다. 인위적인 노력으로 하나님의 말씀에 순종하는 삶에는 한계가 있음을 느낀다. 하지만 그러함에도 불구하고 믿음으로 하나님께 나아가는 것을 중단해서는 안 될 것이다.

하나님의 위로와 음성을 듣고자 집 근처 교회 수요 기도회에 갔었다. 담임목사님은 아프셔서 부목사님이 예배를 인도하셨다. 부족하지만 목사님을 위해서 기도해 드려야겠다는 생각이 들었다.

내가 새벽 기도회에 나가고 신앙 일기를 쓰기 시작한 지도 두 달하고 10일 정도가 지났다. 처음 시작할 때와는 달리 간절함과 열정은 다소 식는 것 같다. 어제는 새벽 기도회에 나가기는 했지만, 목사님의 말씀을 들어도 아무 감동도 없고 밋밋했다. 다만 잠잠히 하나님을 바라보고 그분의 은혜를 구할 뿐이다.

'내가 이 삶 속에서 꿈꾸는 것은 무엇일까?' 하며 자신에게 질문해 본다. 하나님의 말씀을 따라 예수님같이 낮은 곳에서 사람들을 섬기며 거룩한 삶을 살고 싶다. 하지만 나의 육신과 나의 못난 자아가 그러한 삶을 방해한다. 한 번에 '싹' 하고 모든 것이 완전하고 완벽하게 변할 수는 없나 보다.

그러하기에 오늘도 내일도 난 그저 하나님의 긍휼하심과 은혜를 바랄 뿐이다. '이러한 나의 모습을 보고 하나님은 내게 무슨 말씀을 하실까?'

내가 하나님 앞에서 거룩하고 완전한 삶을 못산다고 비난하고 정죄하지는 않으실 것이다. 다만 나의 등 뒤에서 잠잠히 나를 지켜보시고 나를 다시 일으켜 주시리라 믿는다.

그리고 요한복음 13장 1절에서 "예수님은 세상에 있는 자기 사람들을 사랑하시되 끝까지 사랑한다."라고 말씀하셨다. 이 말씀에 힘입어 인생의 실패와 좌절 가운데에서도 여전히 나를 끝까지 사랑하시는 주님을 의지하고 믿음으로 인생의 역경을 이겨나가길 간절히 원한다.

어제 기독교 방송에서 '장기려 박사님'의 일대기를 보았다. 그분은 1·4후퇴 때에 가족과 헤어진 후 평생을 독신으로 살면서 가난하고 병든 이들을 위해서 그의 삶 전체를 헌신했다. 그분은 예수님의 사랑을 몸소 이 땅에서 실천하는 삶을 살았다.

하나님께서 우리에게 재능을 주신 것은 그 재능을 가지고 사랑을 실천하라는 의미일 것이다. 나 또한 하나님께서 주신 재능들이 있다. 글을 쓰는 것도 하나의 재능일 것이다. 오늘도 내 손에 주어진 이 작은 재능들을 가지고 이웃을 사랑하며 하나님의 영광을 위해 살아가고 싶다.

요한복음 13장 34절에 "새 계명을 너희에게 주노니 서로 사랑하라 내가 너희를 사랑한 것 같이 너희도 서로 사랑하라."라는 말씀이 있다. 그리고 서로 사랑할 때 우리가 예수님의 제자인 것을 알게 된다고 말씀하셨다.

예수님은 우리를 위해서 십자가에 못 박히시기까지 즉 생명도 아끼지 아니하시는 사랑을 보이셨다. 예수님은 우리가 자신의 모든 것을 내어놓는 그러한 사랑을 하시기를 원하신다. 이 땅에 복음을 전하기 위해 오신 선교사님들이 그러한 삶을 살았고, '장기려 박사님'과 같은 분들도 예수님의 사랑을 실천하며 살았다. 나도 이분들의 삶을 본받아 삶 속에서 사랑을 실천하며 살아가고 싶다.

주님, 오늘 하루 십자가에서 나의 죄를 대속해 주신 그 사랑을 체험하고 깨닫길 원합니다. 그리고 나 자신도 예수님의 그 사랑에 힘입어 오늘을 살며, 예수님의 사랑을 이웃과 가족에게 나타내는 하루가 되게 하소서.

그 말씀이 주의 마음에 든지라 열왕기상 3:10

요즈음 사람들이 '소확행(소소하지만 확실한 행복)'에 대하여 이야기를 많이 한다. 사람들마다 각자의 '소확행'이 있겠지만, 내게 가장 행복한 때는, 말씀을 묵상하고 신앙 일기를 쓸 때이다. 성경 말씀 속에서 보석과 같은 진리를 찾아내고 또한 그 말씀을 깊이 묵상하는 가운데에 나를 향한 하나님의 크신 사랑을 느낄 때 행복감이 물밀듯 밀려온다.

행복은 멀리 있지 않고 가까이 있다는 것을 우리는 알고 있다. 하지만 사람들은 지나친 욕심에 사로잡혀서 현재의 삶에 감사하며 누릴 수 있는 행복을 잃어버리고 살아간다. 우리가 유한한 생명을 가진 우리가 이 땅에서 행복한 삶을 누리기 위해서는 자신에게 주어진 작은 것에 감사하며 살아갈 수 있는 지혜를 가져야 할 것이다.

열왕기상 3장 10절에 "솔로몬이 이것(선악을 분별하는 지혜)을 구하매 그 말씀이 주의 마음에 든지라."라는 말씀이 있다. 이러한 성경 말씀을 읽다 보면 이해가 되지 않는 부분이 많다.

솔로몬은 다윗의 그릇된 사랑으로 밧세바를 통하여 낳은 아들이다. 그러함에도 불구하고 하나님은 그를 다윗의 계보에 들게 하시고 왕으로 삼으셨다. 성경은 완벽한 인생들의 이야기가 쓰인 책이 아니고 부족한 인생임에도 하나님의 손에 붙들림을 받을 때 축복된 인생을 살 수 있다는 위로와 소망을 주는 이야기를 담은 책이다.

말씀으로 돌아와서 하나님이 솔로몬의 기도에 응답하시고 축복하신 이유는 다음과 같다.

첫째 솔로몬은 하나님을 사랑하고 그의 아버지 다윗의 법도를 행하였다고 하였다. 열왕기상 2장 3절을 보면 다윗이 죽을 날이 임박했을 때 그는 아들 솔로몬에게 하나님의 명령과 모세의 율법을 지키라고 유언하였다. 그리고 그리하면 무엇을 하든지 어디로 가든지 형통할 것이라고 그 아들 솔로몬에게 당부했다. 솔로몬은 아버지 다윗의 유언을 가볍게 여기지 않고 순종하여 하나님의 축복을 받게 된 것이다.

둘째 솔로몬은 하나님 앞에서 일천 번제를 드렸다. 구약시대에 있어서 번제(하나님께 드리는 제사)란 현재의 예배와 같다고 보면 될 것이다. 그는 하나님께 나아가 신령과 진정으로 예배하는 왕이었다.

셋째 솔로몬은 하나님 앞에서 겸손하였고, 하나님의 마음에 합한 기도를 하였다. 기브온에서 하나님이 꿈속에서 솔로몬에게 나타나셔서 "내가 네게 무엇을 줄까 너는 구하라."라는 음성을 들은 그는 자신의 부와 영광을 구하지 아니하고 "듣는 마음을 종에게 주사 주의 백성을 재판하여 선악을 분별하게 하옵소서."라고 기도하였다.

이러한 기도의 결과로 솔로몬은 하나님께 지혜롭고 총명한 마음을 받았고, 구하지도 아니한 부귀와 영광도 받게 되었다. 그래서 우리가 지혜롭다면 자신의 욕망을 채우는 기도를 할 것이 아니라, 하나님의 뜻에 합당한 기도를 해야 할 것이다.

우리가 '하나님의 나라와 의'를 먼저 구하고, 하나님의 영광을 위해서 살아갈 때, 하나님께서는 우리의 모든 필요를 아시고 우리가 기도하지 않는 부분까지도 채우신다.

하나님, 미련한 우리 인생은 인생의 무거운 짐을 하나님 앞에 내려놓지 못하고 매일 같이 힘겹게 지고 갈 때가 많이 있습니다. 이제는 그 짐을 과감하게 내려놓고 하나님의 영광에 초점을 맞추어 살아가게 하소서. 그리할 때 하나님께서 '축복'과 '평안'으로 함께하실 것을 믿습니다.

2부   아픈 상처를 치료하시는 하나님

맷돌도 사용하시는 하나님 사사기 16:21

금요일은 항상 힘이 드는 날이다. 새벽 기도회에 5일 내내 가서인지 피로가 누적된 듯하다. 행정실장님이 나에게 "새벽 기도회에 언제까지 나갈 거예요?"라고 물었다. 나는 "죽을 때까지요."라고 대답했다. 나란 존재는 하나님의 은혜 없이는 하루도 살아갈 수 없는 인생이기에 기도를 중단할 수 없다고 생각했다.

가끔은 '내가 언제까지 이러한 믿음을 유지할 수 있을까?' 하는 생각이 들기도 한다. 그러나 그것까지 미리 걱정할 필요는 없을 것 같다.

난 주어진 '지금'이라는 '이 순간'에 최선의 삶을 살아가려고 할 뿐이다. 기독교 방송에서 김양재 목사님이 설교를 마치시고 마지막으로 눈물을 흘리며 기도하시는 장면을 보았다. 나는 방송 중에 목사님이 설교 후 기도하시며 우시는 것은 처음 보았다. 목사님도 우리와 같이 죄를 범하기 쉬운 연약한 존재일 뿐이다. 다만 하나님께서 강권하여 붙들어 주시길 바랄 뿐이다.

성경으로 돌아와서 사사기 16장 21절에서 삼손은 블레셋 사람들에게 붙잡혀 두 눈을 뽑히고 맷돌을 돌리는 신세가 되었다. 모든 것을 잃은 그는, 하나님만 의지할 수밖에 없었다.

내가 삼손이었다면 미쳐버렸을 것이다. 하지만 삼손은 인내했고 맷돌을 돌리면서 기도했다. 언젠가는 하나님의 때에 자신이 하나님께 사용되리라는 굳건한 믿음을 잃어버리지 않고 이를 악물고 맷돌을 돌렸을 것이다.

조롱과 핍박의 시간이 지나고 때가 이르러 삼손은 여호와께 "나를 생각하시고 이번만 나를 강하게 해달라고." 부르짖어 기도했다. 하나님께서는 삼손의 기도에 응답했고 삼손이 쓰러뜨린 집을 버틴 기둥에 많은 블레셋 사람들이 죽게 되었다.

나 또한 결혼 생활을 시작한 때부터 맷돌을 돌리기 시작했다. 결혼 생활 내내 서로 맞지 않는 성격과 교회 문제, 재정 문제, 자녀 문제 등으로 다툼이 많았던 매우 불행한 시기였다.

하지만 이젠 맷돌을 돌리는 것을 멈추었다. 지금 아니 좀 더 세월이 흐른 후에 이 맷돌을 생각하면 목사님 설교 말씀처럼 이 맷돌은 나에게 영적 성장을 주는 인생의 큰 하나님의 축복이라는 것을 깨닫게 될 것이다.

이제는 하나님 앞에서 부르짖고 있다. "접고 있던 신앙의 날개를 펴고 세상 속에 나가서 당당히 비상하게 해달라고." 하나님은 나의 기도를 들으시고 응답하시리라 믿는다.

오전 11시경에 기독교 방송을 시청하는데, 아들이 밤새워 놀다가 들어왔다. 변함없이 아들에게 아내가 만든 토스트와 우유 그리고 포도 1송이를 씻어서 식탁에 나름 정성스럽게 차려 주었다. 내가 하나님의 사랑을 알 듯, 아들도 언젠가는 부모의 사랑을 알게 될 것이다.

'만나교회' 김병삼 목사님의 설교 말씀 중에 딸이 처음으로 커피를 타준 것 때문에 감동했다는 이야기를 듣고, 나도 아들에게 커피 한 잔을 타 달라고 이야기했다. 아들은 흔쾌히 웃으면서 "예."라고 대답했다.

그리고 아들에게 "너는 어떤 커피를 좋아하니?" 하고 질문을 하자, 아들은 "커피값이 비싸서 밖에서는 사 먹지 않아요."라고 답했다. 그 말을 듣고, 못난 아빠 때문에 아이들의 마음이 풍요롭지 못하지나 않나 하는 마음에 울컥했다. 또 한편으로는 아들에게도 경제 관념이 있다는 생각에 흐뭇한 마음도 들었다. 사실 커피숍에서 파는 커피를 사서 먹기에는 너무 비싸기 때문이다. 아들이 타 준 커피를 받은 후, 아들에게 커피값이라고 하며 1만 원을 건네었다. 아들은 돈을 받고 웃으면서 "감사합니다."라고 했다.

지난 세월 동안 자녀들에게 본이 되지 못한 삶을 살았지만 이젠 가정의 영적인 아버지로서 나의 역할을 잘 감당하고 싶다. 그래서 하나님 나라에 갔을 때, "잘했다. 충성된 종아."라는 하나님의 말씀을 듣고 싶다.

가끔 신앙인들을 보면 하나님과 신앙을 자신의 꿈을 펼치기 위한 하나의 도구라고 생각한다는 생각이 든다. 참으로 어리석은 행위이다. 우리의 삶 속에서 하나님을 속이는 행위는 해서는 안 될 것이다. 하나님은 그러한 인생을 결코 축복할 수 없다.

하나님, 저는 하나님이 저의 '삶의 수단'이 아니라 '삶의 목적'이심을 믿습니다. 오늘 하루 하나님의 은혜 속에 푹 잠기는 하루가 되기를 기도합니다.

네 시작은 미약하였으나
네 나중은 심히 창대하리라   욥기8:7

알람 소리에 잠을 깨어 새벽 기도회에 갔다. 근처 교회 담임목사님이 바뀌신 후 교회의 분위기가 많이 달라졌다. 너무나도 감사할 따름이다. 전에는 지하에서 했던 새벽 기도회에 가면 기도할 맛이 나지 않았었다.

마가복음 1장 1절의 말씀을 가지고 목사님이 설교하셨다. 마가는 사도바울에게 처음에는 인정받지 못한 인물이었지만 나중에는 바울의 임종을 앞두고 마가를 찾을 정도의 그런 인물이 되었다.

어제 아내와 대화를 나누는 중에 아내가 나의 모습이 너무 급하게 변해서 적응하기가 힘들다고 했다. 정확하게 7월 12일 목요일부터 뭔가가 달라지는 것을 느꼈다. 하지만 이러한 일들이 그저 하루아침에 일어났다고는 생각하지 않는다.

지난 30여 년의 삶 동안에 난 하나님에 대한 그리고 거룩한 삶에 대한 갈망이 있었다. 그러한 마음이 있었기에 하나님께서 지금 내가 살아날 수 있는 한 줄기 빛을 주셨다고 믿는다.

"신앙이란 무엇인가? 믿음이란 무엇인가?" 목사님의 말씀처럼 마음인 것 같다. 하나님의 마음이 느껴지고 믿어지고, 예수님이 '나의 주'로 고백되어진다.

지난주일 예배 후에 교회 집사님들과 교제를 나누는 가운데에 한 집사님이 "주일 설교 말씀을 들을 때에는 말씀대로 살아가야겠다고 마음을 먹지만 세상 속에 살다 보면 여전히 옛 본성대로 살아가는 자신을 발견한다."라는 말씀을 하셨다.

'어떻게 하면 죄의 굴레 속에서 벗어나 그리스도인답게 살아갈 수 있을까?' 내가 생각하기에는 먼저 마음속에 하나님의 자녀답게 살겠다는 강한 내적 갈망이 있어야 하고, 두 번째로는 하나님의 특별하신 은혜가 필요하다는 생각이 든다.

어제 정의당 소속인 '노회찬'이라는 한 정치인이 자살했다. 그의 정치 생활은 청렴하고 깨끗했지만, 그 끝은 아름답지 못하게 끝났다. 성경 속의 인물들 가운데 사울과 삼손은 시작은 좋았지만, 그들 인생의 결말은 좋지 못했다.

누구도 자신의 인생을 자신할 수 없다. 언제 넘어질지 모르는 것이 우리의 인생이다. 그러하기에 하루를 두렵고 떨림으로 시작할 수밖에 없고, 더욱 간절하게 하나님을 의지할 수밖에 없다. 광야에서 하루하루 만나를 구해야 했던 이스라엘 백성처럼 나 또한 매일의 삶 속에서 만나와 같은 하나님의 특별하신 은혜가 있어야 살아갈 수 있음을 고백한다.

지금, 이 순간이 너무 행복하다. 하나님의 은혜 속에 살며 그분을 아버지라 고백하며 그분이 펼쳐주실 길들을 생각하면 마음이 그저 좋을 뿐이다. 오늘 하루 하나님의 은혜를 묵상하며 찬양하며 기뻐하는 하루를 살아가고 싶다.

분을 내어도 죄를 짓지 말며
해가 지도록 분을 품지 말고 <small>에베소서 4:26</small>

지난 금요일 심야 기도회에 다녀와서 사소한 일로 아내와 다투었다. 장시간 운전해서 다녀오니 난 무척이나 피곤하고 지쳐있었다. 그래서 양말을 거실 바닥에 벗어둔 채 잠시 TV를 보며 쉬고 있었다. 그런데 아내의 눈에는 그것이 못마땅하게 보였는지 한껏 짜증을 부렸다.

그 순간에 힘들게 운전하고 온 나를 배려하지 못하고 별것도 아닌 것으로 화를 내는 아내가 미워졌다. 그래서 묻는 말에 아무 말도 하지 않았다. 그때부터 아내는 나에게 심한 말을 하기 시작했다. 하나님의 은혜로 신앙이 회복되는 시점이었지만, 아내가 나에게 말하는 것을 견디기가 무척이나 힘들었다.

싸움은 끝나지 않고 밤새도록 이어졌다. 몇 주 동안 쌓아온 믿음의 탑이 '와르르' 하며 무너지는 듯했다. 정말 하나님 앞에서 하나님의 자녀답게 살고 싶었는데, 이런 일이 벌어지다니 너무나도 화가 많이 났다. 아내가 원망스럽고 원인 제공을 한 아내가 너무 밉고 같이 살고 싶은 마음도 순식간에 사라지는 듯했다.

서로 싸우다가 지쳐 잠이 들었다가 눈을 떴다. 또 아내와의 말다툼이 시작되었다. 여느 때와 같이 진전이 없었다. 잠시 집 밖으로 나가 바람을 쐰 후에 돌아왔다. 태국에 선교사로 있는 작은형님과 통화를 시도했으나 되지 않았다. 그래서 '하소연의 글'만 카톡으로 형에게 전했다.

저녁에 아내와 또 '말싸움'을 하다가 '아내의 외침'에 한 가지를 깨닫게 되었다. 아내는 자기 자신도 '자주 화내고 심한 말을 하는 자신'을 받아들이기가 힘들고 고쳐지지 않는다고 하였다. 그래서 너무나도 힘들다는 것이었다. 아내는 남편인 내가 자신의 모든 것을 받아들이고 감싸주기를 바란다고 말하였다.

이러한 상황에서 내가 할 수 있는 가장 좋은 방법은, 아내의 말을 경청해 주고 공감해 주어야 한다는 것이다. 내 힘으로는 할 수 없지만, 하나님은 능히 가능하게 하시리라고 나는 믿는다. 하나님의 성품이 나의 인격이 되었으면 한다.

아내의 처절한 고통과 아픔을 이해하고 난 아내를 부둥켜안고 기도하기 시작했다. 아내를 지금까지 잘 돌보지 못했음에 후회의 눈물이 쏟아지기 시작했다. 그리고 조금씩 아내의 마음을 이해하고 알아가기 시작했다.

아내는 내가 친구들과 아이들 앞에서 자신을 무시하는 말을 많이 해서 마음이 상한다고 하였다. 내가 평소에 하는 '농담이라고 하는 말' 때문에 아내는 많은 상처를 받은 것이었다.

나를 이 세상 누구보다도 사랑해서 나와 결혼한 아내! 이제 그 아내의 마음에 다시는 생채기를 내지 않으리라 다짐해 본다. 아내도 나의 고백 후에 마음이 조금은 회복된 듯하였다.

잠시 '믿음의 시험' 가운데에 좌절했지만, 하나님께서 깨달음과 새 힘을 주심에 감사한다. 주일에 교회로 가는 차 안에서 "믿음의 주여, 온전케 하시는 예수그리스도를 바라보자."라는 말씀이 문득 떠올랐다.

조금씩 그리스도를 닮아가는 자신의 모습을 보며 하나님께 감사함을 드린다. 오늘도 '예수 그리스도의 이름'으로 승리하는 하루가 되기를 기도한다.

나를 사랑하는 자들이 나의 사랑을 입으며 잠언 8:17

어제는 수업 공개가 있는 날이었다. 남에게 수업을 보여준다는 것은 심히 부담스러운 일이다. 한 달 전부터 수업주제를 정하고 수업지도안을 짜고 수업에 필요한 것을 준비하였다.

드디어 3교시에 티볼 경기를 주제로 한 5학년 체육 수업을 공개하였다. 학생들이 예상했던 것보다 수비와 공격에 있어서 뛰어난 실력을 보여주었다. 시간마다 제대로 갖추어서 수업하기는 쉽지 않지만, 시간과 정성을 들인 수업은 나에게는 보람과 학생들에게는 즐거움을 주는 시간이었다.

오후에는 나뿐만 아니라 함께 수업을 공개한 5~6학년 선생님들을 위해서 내가 약소하나마 떡볶이와 튀김을 사서 고생한 선생님들을 위로했다. 비싸지는 않은 음식이지만 모두가 즐거운 대화와 함께 음식을 나누었다.

저녁에 후배와 잠시 시간을 가진 후 집에 도착했다. 아내는 늦은 시간에 집안을 정리하느라 분주했다. 이사를 계획했다가 다시 집에 살기로 했기에 아내는 집 안을 좀 더 예쁘게 꾸미고 싶다는 생각이 드는 것 같았다.

나는 몸이 피곤해서 쉬고 싶은데 아내가 자꾸 일을 벌여서 짜증이 났다. 그러나 결국에는 가정의 평화를 위해 아내의 요구를 들어줄 수밖에 없었다. 가구 옮기는 일이 끝난 후 딸에게 "그래도 요즘은 엄마와 아빠가 잘 싸우지 않지?"라고 말하자, 딸은 "아빠와 엄마가 말하는 자체가 싸우는 것 같아요."라고 답하였다.

함께 살아가는 삶의 현장에서 그것들을 바라보는 이의 시각은 천차만별이라는 것을 다시금 깨닫게 되었다. 그래서 자녀들이 보는 앞에서 아내와 대화를 할 때 좀 더 서로를 배려하고 존중하는 언어를 사용해야겠다고 생각했다.

2주 동안 기도가 잘 안 되고 신앙 일기를 쓰는 것도 힘들었다. 그래도 하나님 앞에 나아가기를 멈추지 않았다. 그런데 오늘은 새벽에 일어나기가 비교적 쉬웠고 새벽 기도회에 가서도 하나님이 감동을 주셔서 소리 내어 기도했다.

이 나라와 민족을 위해서도 기도하고 내 가족과 이웃들을 위해서도 간절히 기도했다. 하나님 없이 또는 교회에 다니면서도 하나님과의 인격적인 만남이 없이 살아가는 사람들이 '죽은 자의 하나님'이 아닌 '산 자의 하나님'을 진정으로 체험했으면 하는 마음이 간절하다.

잠언 8장 17절에 "나를 사랑하는 자들이 나의 사랑을 입으며 나를 간절히 찾는 자가 나를 만날 것이니라."라는 말씀이 있다. 나는 마음속으로 '과연 나는 하나님을 사랑하는가?'라는 물음을 던져 본다. 나는 다만 보잘것없고 초라한 인생을 하나님이 그분의 자녀로 삼아주시고 귀하게 여기심에 감사하고 감격할 뿐이다.

하나님, 미련한 우리 인생은 십자가에서 저희 죄를 위하여 십자가에서 피를 흘리신 주의 공로를 모르고 살아갈 때가 많이 있습니다. 오늘 하루를 살아갈 때, 십자가의 공로를 의지하여 주의 보좌 앞으로 담대하게 나아가게 하시고 하나님의 크신 사랑을 입고 하나님의 크신 축복 가운데에 살아가게 하소서.

때를 따라 돕는 하나님의 은혜 히브리서 6:16

    어제는 마음이 무척 힘든 하루였다. 출장을 갔다가 돌아오는 길에 마트에 들려 간단하게 필요한 장을 보았다. 그리고 마트 근처에 있는 수족관에 들러서 구피 먹이를 사려고 하였다. 내가 구피 먹이를 고르자 근무하시던 분이 나에게 6,000원 금액의 구피 먹이를 누가 포장을 뜯었는데 새것이라고 하며 공짜로 주셨다. 내가 인복이 있어서인지 아니면 불쌍해 보여서인지 가게에 물건을 사러 가면 사장이나 점원분이 덤을 잘 주신다. 어쨌든 재미있고 즐거운 경험이었다.

    그리고 장을 보던 도중에 아들에게서 전화가 왔다. 당연히 '용돈' 이야기겠지 라고 생각하며, 요청하면 기쁜 마음으로 주고자 마음먹었다. 아들의 요청은 '라페스타'에서 옷을 사려고 하는데 돈이 3~4만 원 필요하다는 것이었다. 나는 아들이 말하는 금액에 조금 더 보태어 5만 원을 아들 통장으로 입금해 주었다.

    '하나님의 마음도 아들을 향한 나의 마음과 같지 않을까?'라고 생각해 본다. 우리가 구하는 그 이상으로 준비하고 계시며 우리에게 항상 풍성하게 주시는 분이 하나님이시다. 그러한 풍성하시고 넉넉한 하나님을 나의 삶을 통해 체험하였고 믿고 있다.

    집에 도착해서 장 본 것을 정리하고 보쌈을 준비하였다. 필요한 재료(파, 양파, 돼지고기, 블랙커피, 마늘, 통후추, 된장 등)를 준비하고 물에 재료를 넣고 물이 끓은 후에 돼지고기를 넣어서 삶았다.

    한참 동안 요리에 열중할 때 아내가 도착했다. 그런데 도착하자마자 돼지고기를 플라스틱에 놓았다고 화를 내었다. 열심히 고생하며 장보고 저녁 준비를 하는 나도 지쳐서 힘든데 오히려 아내가 화를 내니 어처구니가 없었다.

나중에 들어보니 나름대로 힘든 부분이 있어서 그랬다는 것을 알게 되었다. 사람은 항상 표면적인 행동 뒤에 내면적인 이유가 있다. 즉, 그 숨겨진 이야기를 모르는 상대방은 당황할 수밖에 없는 것이다.

그 후에도 아내의 말이 거슬려서 나 또한 짜증이 나고 힘들었다. 아내가 목과 등이 아프다고 해서 마사지를 해주었는데 하면서도 기분은 좋지 않았다. 나도 개인적인 문제로 고민을 하는 게 있어서 마음이 심란했기 때문이다.

오늘 새벽은 몸과 마음이 무거워서 새벽에 일어나기가 쉽지 않았다. 하지만 그러함에도 불구하고 기도의 자리로 나아갔다. 목사님이 에베소서 1:1-6 말씀으로 말씀을 전했지만, 딱히 감동되는 것은 없었다.

종아리도 아프고 몸이 힘들었지만 조금 더 앉아 있었다. 더 이상 버티기가 힘들어서 교회를 나왔고 아파트 앞 벤치에 앉아서 묵상하고 기도를 하였다. 기도를 더 하고 싶었지만, 신앙 일기를 쓰고자 집으로 돌아왔다.

책상에 앉아서 『큐티집』을 꺼내어 들었다. 히브리서 6장 16절에 "그러므로 우리는 긍휼하심을 받고 때를 따라 돕는 은혜를 얻기 위하여 은혜의 보좌 앞에 담대히 나아갈 것이니라."라는 말씀이었다. 새벽 기도회를 끝내고 나오는 길에 이 말씀을 떠올렸는데 공교롭게도 오늘의 큐티 말씀에서 보게 되어 신기했다.

오늘 나에게는 '때를 따라 돕는 하나님의 은혜'가 필요하다. '때를 따라 돕는 하나님의 은혜'가 우리의 삶에 항상 필요하기에 매일 그리고 순간순간마다 기도할 수밖에 없다. 오늘 하나님의 은혜가 차고 넘치게 나에게 임하였으면 한다. 또한, 하나님의 평화가 나와 아내의 마음에 임하기를 간절히 기도한다.

데살로니가전서 5:16-18 "항상 기뻐하라, 쉬지 말고 기도하라, 범사에 감사하라 이것이 그리스도 예수 안에서 너희를 향하신 하나님의 뜻이니라." 오늘 이 말씀을 묵상하고 싶다. 어떻게 항상 기뻐할 수 있을까? 나의 기쁨의 원천은 무엇일까?

하나님, 오늘도 때를 따라 돕는 하나님의 은혜를 경험하는 하루가 되게 하소서. 하나님의 말씀과 찬양이 큰 위로가 되게 하시고, 교제 가운데에 하나님의 임재를 체험하게 하소서. 그리고 참된 기쁨이 무엇인지 깨닫게 하시고, 저의 가정에 기쁨이 충만하게 하소서.

예수의 소문을 듣고 ^{마가복음 7:25}

어제 아침에 신앙 일기를 쓴 후에 카톡을 열어 보았다. 전에는 무심코 지나갔는데 오늘에서야 카톡 친구를 맺은 사람 중에서 생일일 경우, 맨 앞쪽에 생일인 사람의 이름을 표시해 준다는 것을 알게 되었다.

오늘의 생일에 대학생 때 부산 다대제일교회에서 같이 신앙생활을 했던 누나의 이름이 보였다. 그래서 그 누나에게도 신앙 일기를 카톡으로 보내었다. 그리고 학교에 가서 전화로 서로의 이야기를 하고 기도를 부탁했다.

누나와 이야기하는 도중에 '빨리 명퇴하고 신학을 한 후, 시골에서 사역하며 봉사를 하면 어떨까?' 하는 마음이 들었다. 지금부터 하나님께서 나를 잘 훈련하신 후에 하나님이 기뻐하시는 그 자리에서 하나님께 영광을 돌리는 삶을 살게 해주시면 좋겠다.

어제는 신앙생활을 하지 않는 독자(신앙 일기를 받아보시는 분)로부터 "일기 속에서 속세와 동떨어진 삶을 보는 것이 아니라, 세상 속에서의 한 인간적인 그리스도인의 모습에 감동이 있었다."라는 메시지를 받았다.

이번 주에는 지난 한 달처럼 큰 감동이 없어서 담담하게 신앙 일기를 썼을 뿐인데, 그것을 읽는 사람에게는 또 다른 감동이 있었다는 사실에 놀랐고 위로가 되었다. 또한, 주변의 사람들로부터 나의 글이 간결하고 이해하기가 쉽다는 칭찬의 말을 듣게 되어 기분이 좋았다.

얼마 전에 아내가 가족 단톡방을 열었다. 그런데 우리 가족은 그 단톡방을 통해서 주로 먹는 이야기만 한다. 퇴근하기 전에 단톡방에 "저녁에 먹고 싶은 것이 무엇이니?"라고 글을 올렸다. 딸이 "고기요."라고 글을 올렸다.

난 시장에 있는 마트로 향했고, 삼겹살과 등심 그리고 과일을 샀다. 장을 보는 중에 4개 990원 하는 오이를 사는데 무엇인지 모를 희열감이 느껴졌다. 내가 점점 주부가 되어가나 하는 생각이 들었다.

집에 도착하자마자 설거지하고 밥도 하며 저녁을 준비했다. 딸이 삼겹살을 먹고 싶다고 해서 마늘, 야채 등을 씻어 준비하고 삼겹살을 열심히 구웠다. 딸과 내가 맛있게 먹고 정리하니 저녁 7시 40분이 되었다. 삶의 고단함에 피곤이 물밀 듯 밀려왔다. 하지만 가족을 사랑하는 마음이 있기에, 기쁜 마음으로 요리를 하고 있다.

성경으로 돌아와서 마가복음 7장 25절에 '더러운 귀신 들린 어린 딸을 둔 한 여자'가 등장한다. 그녀는 예수의 소문을 듣고 곧 와서 그 발 앞에 엎드렸다. 그녀의 목적은 분명했다. 귀신 들린 딸에게서 귀신을 쫓아 달라는 것이었다.

그녀의 요청에 예수님은 "자녀의 떡을 취하여 개들에게 던짐이 마땅치 아니하다."라고 말씀하셨다. 하지만 그녀는 "상 아래 개들도 아이들이 먹던 부스러기를 먹나이다."라고 응답하며 끝까지 포기하지 않고 예수님에게 매달렸다. 이에 예수님은 그녀의 흔들리지 않는 믿음을 보시고 귀신이 그녀의 딸에게서 나가게 하셨다.

나는 목사님의 설교 말씀을 듣는 가운데에 장모님을 떠올리게 되었다. 어제 퇴근길에 장모님께서 나에게 전화를 주셨다. "조 서방, 자네가 새벽 기도 나간다고 하니 내가 너무 좋아서 눈물이 난다."라고 말씀하시며 행복해하셨다.

장모님은 20년 이상 우리 가족을 위해 기도하고 계시다. 오늘 내가 이러한 신앙의 회복이 있게 된 것은 모두 장모님의 기도와 하나님의 은혜라고 고백할 수밖에 없다. "자녀를 위해 흘린 기도의 눈물은 한 방울도 헛되이 땅에 떨어지는 법이 없다."라는 말은 불변의 진리와도 같다.

사랑은 '내리사랑'이다. 장모님의 기도를 생각하며 '아들에 대한 나의 마음과 나에 대한 하나님의 마음이 같을 것이다.'라고 생각했다. 오늘은 특별히 자녀를 위해서 그리고 장모님을 위해서 기도해야겠다.

하나님, 하나님이 독생자 예수를 아낌없이 십자가에 내어주신 그 사랑을 깨닫게 하시고 나 또한 나의 자녀들과 학교에서 자녀와 같은 아이들을 위해서 사랑하고 섬기는 하루가 되게 하소서.

믿음과 하나님의 약속 위에 서가는 인생 다니엘 2:17-24

토요일은 항상 여유가 있어서 행복한 날이다. 조금 늦게 일어나서 기르고 있는 열대어들에게 먹이를 주려고 어항을 보니, 이끼도 끼고 너무나도 지저분해 보였다. 그래서 어항을 깨끗하게 청소하였다. 그러고 나니 내 마음도 깨끗해지는 것을 느꼈다. 지금 생각해 보면 우리의 영혼도 매일 말씀 보고 기도하며 돌보지 않으면 오염된 세상에 물들어, 더러워진 어항같이 피폐해지리라 생각되었다.

집에서 청소하고 있는데, 신앙 일기를 나누는 독자로부터 전화가 왔다. 나의 신앙에 도움을 주고자 『오스왈드챔버스의 묵상집』과 『큐티집』을 가져왔다. 그리고 나중에 카톡으로 묵상 일기를 통해 매일 삶을 나누어 주어서 고맙다고 하였다.

나의 조그마한 나눔이 도움이 된다면 나는 그것으로 만족한다. 그러나 자신의 삶을 나눈다는 것은 쉬운 일은 아니고 큰 용기가 필요한 일이라고 생각한다. 나도 가끔은 '내가 계속해서 이러한 삶을 살아갈 수 있을까?' 하는 두려운 마음이 든다. 하지만 이젠 나의 '두려운 그 마음'조차도 하나님 앞에 내려놓길 원한다. 이제는 나를 여기까지 인도하신 그하나님을 의지할 뿐이다.

저녁에는 토요일마다 아내와 내가 섬기고 있는 아내 친구의 가정이오지 않아 아내와 함께 『바르샤바』라는 폴란드 전쟁 영화를 보았다. 그영화 속에서 인간의 잔혹성과 전쟁의 비참함을 보게 되었다. 그래서 보는 내내 피곤하고 힘들었다.

전에는 시간이 날 때마다 스포츠나 영화 채널을 돌려가며 시간을 보내었다. 하지만 이제는 그러한 것을 보는 것이 의미가 없고 재미도 없어서 보지 않는다. 그러한 시간에 기독교 방송을 보거나 유튜브에서 훌륭한 목사님의 설교 말씀을 듣는다.

오늘 아침에 교회에 가는 중에 아내와 여러 가지 이야기를 나누었다. 아내와 나는 차 안에서 커피도 마시고 신앙적인 이야기도 하며 삶을 나눈다. 우리 부부에게는 교회로 가는 차에서의 시간이 참으로 복되고 소중하다.

이야기 도중에 나는 아내에게 "하나님은 우리의 기도에 즉각적으로 응답하시지 않고, 더 이상 버티기 힘들다고 할 때 응답하신다."라는 말을 했다. 그리고 또 나는 "이 눈에 아무 증거 아니 뵈어도 믿음만을 가지고 늘 걸으며, 이 귀에 아무 소리 아니 들려도 하나님의 약속 위에 설 것이다."라는 찬송가 가사를 말했다.

나는 나의 하나님 아버지가 내 기도에 응답하시고 가장 좋은 길로 인도하시리라고 믿어 의심치 않는다. 지금 나는 내게 이러한 믿음과 은혜를 주신 하나님께 감사할 뿐이다.

갑자기 호세아서 6장 3절에 "그러므로 우리가 여호와를 알자 힘써 여호와를 알자 그의 나타나심은 새벽빛 같이 어김없나니 비와 같이, 땅을 적시는 늦은 비와 같이 우리에게 임하시리라 하니라."라는 말씀이 떠오른다.

새벽빛과 늦은 비는 우리가 고대하고 기다려야 볼 수 있고 맞이할 수 있다. 하지만 우리가 하나님이 어떠한 분이신지 잘 알고 있다면 그 기다림의 시간이 결코 힘든 시간이 아니라 오히려 기대와 설렘의 시간이 될 것이다.

그러므로 우리는 힘써 여호와를 알기 위해 성경 공부와 기도를 게을리해서는 안 될 것이다. 우리가 하나님을 아는 만큼 우리의 영적 성장도 이루어지리라 믿는다.

매번 예배를 드릴 때마다 하나님이 목사님을 통해서 내게 말씀하신다고 느꼈다. 아내에게 "당신도 나처럼 그렇게 느껴?"라고 물어보았다. 아내는 항상 그렇지는 않다고 대답했다. 참으로 신기한 일이다.

오늘은 목사님이 '예배자 다니엘'이라는 제목으로 설교하셨다. 첫째, 다니엘은 하나님을 의식하는 사람이었다. 우리는 삶의 현장 속에서 어려운 일을 만날 때 하나님을 의식하지 못하고 인간적인 방법을 사용할 때가 많이 있다.

나 또한 하나님을 의식하지 못하고 신앙과 삶이 분리된 이중적인 삶을 살았었다. 사실 마음으로는 성경대로 살기를 원했지만, 일상의 삶 속에서 말씀대로 산다는 것은 너무 힘들었다. 난 항상 좌절했고 피폐한 삶을 살 수밖에 없었다. 하지만 하나님의 은혜가 충만히 임한 후에는 가끔 넘어지기는 하지만 또 일어서 하나님을 의지하고 하나님의 약속된 말씀 위에서 믿음의 발걸음을 힘껏 내딛는 예배자의 삶을 살아가고 있다.

이러한 삶을 살아갈 수 있게 은혜 주신 하나님께 감사할 뿐이다. 왜냐하면, 세상이 주는 그 어떤 기쁨보다 하나님이 부어 주시는 기쁨이 크기 때문이다. 내가 이 글을 쓰는 것 또한 나의 기쁨이 내 이웃과 내가 만나는 사람의 기쁨이 되길 원하기 때문이다.

둘째, 다니엘은 위기의 순간에 기도로 하나님께 나아가는 사람이었다. "기도란, 모든 것이 하나님의 손에 있는 것이라고 인정하는 것이다."라고 목사님은 정의하셨다. 다니엘은 위기의 때에 하나님께 나아갔다. 왜냐하면, 오직 죽음의 순간에 하나님만이 문제를 해결할 수 있는 분이시기 때문이다. 나 또한 나의 기도를 하나님께서 들으시고 응답하신다는 확신이 있기에 매 순간 하나님께 기도한다.

셋째, 다니엘은 하나님을 높이는 사람이었다. 다니엘은 왕의 꿈을 해석하게 되었을 때, 즉 자신의 문제가 해결되었을 때 자신을 드러내지 않았다. 그 순간에 그는 하나님을 찬송하고 하나님을 높였다. 목사님도 내가 "좋은 말씀을 주셔서 감사합니다."라는 말을 할 때마다 하나님의 은혜라고 말씀하시며, 하나님께만 영광 돌리는 것을 본다. 나 또한 나의 삶에 일어나는 모든 일이 내게는 기쁨이며 오직 하나님께만 영광이 되었으면 하는 마음이다.

하나님, 때때로 인간인지라 나를 나타내고자 할 때가 많이 있습니다. 더욱 무릎으로 하나님께 나아가게 하시고 '겸손한 예배자의 삶'을 살게 하소서.

예수님의 심장을 가지고 사는 삶 마가복음 7:34

아내와 함께 기도하고 있던 문제가 어제 해결되었다. 불가능하리라고 생각했던 일이 이루어져 기쁘기도 하고 약간 담담하기도 하다. 누군가는 기적 같은 일이 삶에 일어나도 '우연의 일치'일 뿐이라고 쉽게 말할 수 있다. 하지만 그 '우연의 일치'조차도 기도하지 않으면 일어나지 않는다는 것을 우리는 명심해야 할 것이다.

나는 분명히 하나님께서 나와 아내의 기도에 응답하셨다고 믿음으로 고백할 수 있다. 왜냐하면, 지금까지 내 인생의 여정 속에서 함께하신 하나님은 내 기도를 외면하지 않으셨고 항상 신실하셨기 때문이다.

아내는 오케스트라 연주 동영상을 찍은 후 늦게 귀가했다. 그리고 하나님께서 어떻게 우리의 기도에 응답하였는지 나에게 이야기해 주었다. 우리에게는 기도하는 시간이 힘든 과정이었지만 이를 통해 하나님께서 영광 받으시고 우리의 믿음도 성장하는 계기가 되었다.

'우리 인생의 관심사는 주로 무엇일까?' 아마도 '어떤 집에 살고 어떤 차를 타고 살 것인지' 하는 물질적인 것이 주된 관심사일 것이다. 심지어 경제적으로 힘든 시대를 살아가며 누구나 한 번쯤은 '돈벼락이라도 맞았으면!' 하는 생각도 할 것이다.

하지만 하나님은 '무엇을 먹고 입을까?'에 대한 염려를 하지 말라고 하신다. 대신에 "너희가 먼저 그의 나라와 그의 의를 구하면 이 모든 것을 더하시리라."라고 말씀하신다. 우리의 필요를 아시는 하나님은 이스라엘 백성에게 날마다 만나를 주셨듯이 우리에게도 필요한 것을 날마다 공급하시는 분이다.

어제 외국에 선교사로 가 있는 형과 전화 통화를 했다. 형은 오늘 선교지로 들어간다고 하였고, 사역과 시력이 약해진 오른쪽 눈을 위해 기도를 부탁하였다. 전에는 선교사의 삶에 대하여 별로 생각이 없었다. 하지만 요즘 기도 생활을 하고부터는 선교사의 삶이 복되지만, 쉬운 일은 아니라는 생각이 들었다.

우리 인간은 한곳에서 정착해서 누리고 안주하며 살기를 원한다. 하지만 선교사는 오늘은 이곳 내일은 저곳으로 늘 옮겨 다니며 정착할 수 없는 삶을 살아간다. '형과 함께 선교지로의 떠남을 준비하는 형수는 얼마나 힘이 들까?' 하는 마음이 들었다.

선교사들은 정말로 예수님의 심장을 가지고 자신을 희생하며 살아가는 사람이다. 그 헌신하는 선교사의 삶 속에는 하나님의 크신 위로와 하늘나라의 상급이 있음을 믿는다.

오늘은 10분 일찍 새벽 기도회에 도착했다. 어제 새벽 기도회에 못 가서 오늘은 좀 더 간절한 마음으로 예배에 임했다. 마가복음 7:31-37절의 말씀을 가지고 목사님이 설교하셨는데, 성경의 역사적 배경을 이야기해 주셔서 훨씬 말씀이 이해하기 쉽고 마음에 와닿았다.

예수님은 '귀먹고 말 더듬는 자'를 따로 데리고 무리를 떠나서 손가락을 그의 양 귀에 넣고 침을 뱉어 그의 혀에 손을 대시며(그 시대에는 예수님 같은 분의 침이 약효가 있다고 믿음) 하늘을 우러러 탄식하시며 "에바다(열리라)."라고 말씀하셨다. 그러고 나니 그의 귀가 열리고 혀가 맺힌 것이 곧 풀려 말이 분명하여졌다.

성경에는 이러한 기적의 사건들이 숱하게 많다. 나는 이러한 기적들이 내가 살아가는 이 삶의 현장에서도 일어날 수 있다고 믿는다. 또한, 나는 천국이 있다고 믿고 그 나라를 소망한다. 이러한 믿음이 생기게 된 것은 전적으로 하나님의 은혜라고 설명할 수밖에 없다.

　거의 매일 학교에서 사용하는 메신저로 부고가 날아온다. 하지만 이 세상에 잠시 머물다가 가는 우리 인생은 영원히 살 것처럼 살아간다. 성경은 '인생의 가장 큰 복은 여호와를 경외하는 것'이라고 하였다. 내 주변의 이웃들이 하나님을 아버지로 삼고 이러한 큰 복을 누리기를 바라는 것이 나의 소망이자 바람이다.

　하나님, 오늘도 한 날을 허락하시니 감사합니다. 형이 예수의 심장을 가지고 선교사로 가듯이 나 또한 내가 일하는 학교의 교사 선교사로 갑니다. 제게 주어진 일들을 기쁨으로 잘 감당하게 하시고, 열매 맺는 삶을 살아가게 하소서.

장자의 명분을 가볍게 여긴 에서 창세기 25:34

난 어머니에 대한 애틋한 정이 별로 없는 듯하다. 지난 세월을 되돌아보면 부모님 산소에도 잘 가지 않았던 나의 모습을 볼 수 있다. 운전하며 교회로 가는 도중에, 어머니가 우리의 신혼 시절에 집에 와서 청소해 주셨던 일을 아내가 나에게 이야기하였다. 전에는 어머니 이야기를 해도 그냥 듣고 지나쳤지만, 이번에는 지난날 어머니가 오셔서 나의 자취방을 치워주시던 생각이 나서 마음이 '울컥' 했다.

부모님이 돌아가신 이후에는 효도하고 싶어도 효도하지 못한다. 그래서 부모님은 아니지만 내 주변에 사랑하는 아내와 사람들도 곁에 있을 때 소중히 여기며 사랑할 수 있어야 할 것이다.

추석날 피곤한 몸을 일으켜 혹시나 새벽 기도회가 열리는가 싶어서 근처 교회로 향하였다. 그러나 불은 꺼져있고 예배당의 문은 굳건히 닫혀 있었다. 그냥 잘 수도 있겠지만 새벽 기도회에 가서 기도하는 것이 내게는 힘이 되고 행복한 시간이었기에 새벽에 교회로 향했다.

집에 돌아와 서재에 앉아서 기도하려고 하다가 잠이 들고 말았다. 이것도 저것도 못 하고 몸만 피곤했다. 어느새 영화 보러 갈 시간이 다가왔다. 오늘은 조조로 아내와 영화관에서 『안시성』을 보기로 했던 날이다.

영화 속에서 등장하는 안시성의 '양만춘 장군'은 위대한 지도자였다. 그는 백성을 자신의 몸같이 사랑하였고, 당나라 군대의 어떠한 공격과 위협에도 굴하지 않고 안시성을 지켜냈다. 이 시대에도 자신의 사리사욕을 위해 살아가는 지도자가 아닌, 진정으로 국민을 위하는 헌신적인 그리고 믿음이 확고한 지도자가 많이 일어났으면 한다.

영화를 보고 난 후에 집으로 돌아와 아내와 점심 식사를 준비하였다. 내 마음속에는 가정 예배를 드려야 하는데 하는 생각이 들었다. 하지만 아들이 예배하는 것을 거절하면 어떡하지 하는 두려운 마음도 들었다. 그러나 용기를 내어 아들에게 이야기하자, 아들은 승낙했고 결혼 후에 처음으로 가정 예배를 드렸다.

에베소서 6장 1절에서 4절까지의 말씀을 읽고 '하나님께 속한 복된 가정'이라는 주제의 가정예배지에 있는 설교내용을 읽었다. 마지막에는 내가 아내와 자녀들을 위해 기도하는데, 성령의 감동하심에 눈물이 하염없이 흘러내렸다. 짧은 시간이었지만 감동적이고 복된 시간이었다.

말씀으로 돌아와서 주일 날 목사님은 에서가 팥죽 한 그릇에 장자의 명분을 파는 사건을 주제로 설교 말씀을 전하셨다. 에서는 '장자의 명분' 따위는 소중하게 여기지 않았기에 '장자의 권리'를 동생 야곱에게 팥죽 한 그릇에 팔아넘겼다.

야곱은 형인 에서와는 달리 삶 속에서 하나님의 사랑과 축복을 받기를 간절히 사모하였다. 그는 분명히 하나님이 어떤 분이신지 그리고 자신의 현재와 미래에 어떠한 영향을 미치실 분이신지 명확하게 알고 있었다. 야곱이 '장자의 명분'을 소중하게 여긴 것처럼, 우리도 삶 속에서 중요한 가치를 두어야 할 것은 무엇인지 묵상해 보아야 할 것이다.

첫째로 '마음'이 중요하다고 생각된다. 마음이 세상으로 향하여 있고 하나님께로 가 있지 못하면 하나님의 뜻을 분별하지 못하고 하나님이 주시는 축복의 삶을 살지 못할 것이다. 그리고 우리의 마음이 날마다 하나님께로 향하기 위해서는 기도의 자리로 나아가야 할 것이다. 날마다 하나님께 나아갈 때, 삼손에게 하나님의 영이 임했던 것처럼 날마다 우리의 삶 가운데에서도 성령께서 충만히 임함으로 하나님의 역사와 기적이 일어나리라 확신한다.

둘째로 '예배의 자리'가 매우 중요하다고 생각한다. 나는 교회에서 예배를 드릴 때마다 어떻게 내게 이렇게 꼭 맞는 말씀을 해주실까 하며 놀랄 때가 한두 번이 아니다. 교회에서 드렸던 처음 예배에서는 몰랐지만, 예배를 드릴수록 나의 영혼이 하나님의 말씀에 적시어진다는 것을 느꼈다. 하나님께서는 우리에게 날마다 그리고 예배 때마다 은혜를 부어 주시기를 원하신다. 하지만 죄의 담 때문에 그 은혜를 못 받던지, 아니면 우리 '마음의 항아리'가 깨어져 하나님의 은혜가 새버리고 있는지도 모른다.

셋째로 '삶의 우선순위'가 중요하다고 생각한다. 우리가 하루의 삶을 살아가면서 하나님보다 나의 일이 우선이 된다면 그러한 삶을 하나님께서는 기뻐하지 아니하시고 축복하시지도 않으리라 생각한다.

하나님, 날마다 깨어 기도하며 산다는 것이 쉽지 않은 것을 고백합니다. 그러나 기쁨으로 이 길을 갈 수 있도록 날마다 은혜를 부어 주옵소서. 그리고 주변에 아픈 사람들을 볼 때 마음이 무척이나 아픕니다. 하나님께서 그들에게 은혜를 부어 주시고 병에서도 나음을 얻을 수 있도록 오늘도 간절히 기도합니다.

여호와는 나의 목자이시니 시편 23:1

　어제는 화성에 계시는 처형 집에 가기로 한 날이었다. 추석 명절 다음 날이라 교통이 혼잡할 것 같아서 일찍 다녀오려고 했다. 그러나 일어나니 벌써 7시가 넘었고, 몸도 피곤하고 차가 막힐 것을 생각하니 온갖 짜증이 다 났다.

　그래서 아내에게 안 가면 안 되냐고 말했더니, 간다고 약속했는데 안 가면 어떻게 하냐고 화를 내었다. 나도 가기는 가야 하는데, 몸은 피곤하고 어떻게 해야 할지 몰랐다. 그래서 그쪽의 상황을 알고자 전화를 했다. 그런데 전화 중에 차마 못 간다는 말은 못 하고 곧 출발한다고 말씀을 드리고 전화를 끊었다.

　화성에 계신 형님과 처형은 항상 우리 가족에게 잘해 주신다. 겨울이면 김장을 해서 주시고 우리 아이들에게 용돈도 주시며 항상 잘해 주신다. 그러하기에 마땅히 감사의 도리를 다해야 한다는 생각에, 명절이면 꼭 찾아뵈려고 노력한다.

　화성으로 내려가는 길은 도로가 막히지 않아서 1시간 10분 만에 처형 집에 도착했다. 그런데 그 집에서 못 보던 대형 TV를 보았다. 형님이 동생네 집을 짓는 것을 도와준다고 감사의 표현으로 TV를 사주었다는 것이었다. 그래서 그 집에는 TV가 세 대나 있게 되었다. 나는 우리 안방에 TV를 교체할 필요가 있었기에 염치가 없게도 제일 작은 TV를 달라고 요청했다. 형님네는 흔쾌히 우리에게 주서서 기쁜 마음으로 TV를 가지고 집으로 돌아왔다.

저녁에 외국에 있는 형에게 전화했다. 형이 사역하고 있는 나라는 지금 우리나라의 1960년대 수준이며 사람들이 한국에 취업을 나오기 위해서 한국어를 배우고자 하는 열망이 강하다고 하였다.

또한 형이 눈이 계속 안 좋다고 해서 한국에 나오시면 대학병원에 진료받을 것을 말씀드렸고, 형의 건강과 그곳에서의 정착을 위해서 간절히 기도하겠다고 약속드렸다.

새벽 기도회에 가기 위해서 일찍 잤더니, 새벽 3시에 눈을 뜨게 되었다. 거실에서 자고 있던 아내를 깨워서 방으로 데려오고 딸의 방에도 가서 잘 자는지 확인을 한 후 다시 잠자리에 들었다.

새벽 4시 30분이 되자 휴대폰의 알람이 나를 깨웠다. 다시 일어나려고 하니 몸이 무거웠다. 대충 옷을 입고 집을 나섰다. 새벽 공기가 다소 차가워 옷깃을 여미게 했다. 무더웠던 여름이 무색하리만큼 가을은 어느새 우리 앞에 성큼 다가온 것이다.

어제저녁에 아내와 산책을 하면서 나는 새벽 기도회에 가서 기도할 때가 가장 행복하다고 말하였다. 온갖 번뇌와 시름을 하나님 앞에 내어 놓고 하나님과 교제하며 하나님의 크신 사랑을 체험해 본 사람은 이런 행복감을 알 수 있을 것이다.

오늘은 목사님이 안 나오시고 장로님이 나오셔서 시편 23편을 가지고 말씀을 전하셨다. 시편 23편 1절에 "여호와는 나의 목자시니 내게 부족함이 없으리로다."라는 말씀이 나온다. 성경은 하나님과 나의 관계와 목자와 양의 관계라고 말한다. 목자는 양을 지키며 양에게 먹을 것과 쉴 곳을 제공하며 정성껏 돌본다.

그런데 나는 묵상을 하다가 중요한 것을 깨닫게 되었다. 양은 목자를 잘 따라가야 한다는 것이었다. 목자가 인도하는 길이 아닌 그릇된 길로 가다가는 늑대의 밥이 되거나 곤경에 처할 수 있다는 것이다. 그러므로 양은 한눈팔지 말고 목자만 주시하고 따라가야 안전한 생활을 하게 된다.

우리는 기도를 '영혼의 호흡'이라고들 많이 말한다. 기도하지 않는다는 것은 우리의 호흡이 중단된다는 것이다. 기도를 안 했던 이틀 동안은 몸과 마음도 피곤하고 '세상의 생각'들이 자꾸 나를 지배하는 것을 느꼈다.

하나님, 저는 하나님 없이는 아무것도 아닌 존재인 것을 고백합니다. 이제 기도를 시작한 지 두 달이 되어갑니다. 몸과 마음이 많이 지친 상태입니다. 삼손이 블레셋 사람 1천을 물리친 후, 지쳤을 때 주셨던 샘물을 저에게도 주셔서 새로운 힘과 은혜로 하루를 살게 하소서.

하나님이 짝지어 주신 것을 마가복음 10:9

어제는 내가 아내와 결혼한 지 21년째가 되는 날이었다. 나의 개인적인 일과 집안의 일로 너무 지쳐서 결혼 21주년을 아무런 준비 없이 맞이했다.

아내에게 미안한 마음이 들어서 아침에 잠깐 나가서 꽃바구니와 케이크를 준비하고자 하였으나, 계획대로 하지 못했다. 아무것도 못 하고 일어난 아내와 여느 때와 같이 함께 아침 식사를 준비하였다.

아침 식사를 마친 후에 아내와 나는 잠시 이야기를 나누었다. 아내는 내가 자신이 필요할 때마다 그 필요를 무시한다고 하였다. 그래서 결혼생활 내내 그것이 불만이었다고 말했다. 그러나 그러한 말을 들을 때마다 나도 마음이 답답해진다. 나름대로 가족을 위해서 헌신하는데 그것을 몰라주는 아내에게 서운한 마음이 든다.

하지만 최근에는 서로를 배려해서인지 크게 싸우는 일은 없어졌다. 나도 기도하고 신앙 일기를 쓰면서 나 자신을 돌아보게 되었고, 아내의 마음도 더 잘 이해하게 되었기 때문이다.

딸이 대학 진학을 위해서 책을 읽고 독후감을 쓰라는 말에 순종하지 않고 계속 스마트폰을 가지고 놀아서 스마트폰을 빼앗아 버렸다. 그러자 딸은 자기 방으로 들어가 침대에 누워 잠을 잤다.

아내는 자는 딸을 깨워서 소파를 보기 위해 가구단지에 함께 가도록 했다. 딸은 스마트폰을 빼앗긴 것이 기분 나빠서인지 소파를 보는 내내 얼굴에 인상을 쓰고 있었다. 그 꼴이 보기가 싫어서 딸에게 화를 내었다. 그러나 쇼핑이 끝난 후에 '돈가스 빌리지'에서 피자와 스파게티를 먹으면서 마음속에 화가 사라졌다.

집에 와서 거실에서 쉬고 있는데 딸이 결혼 21주년을 축하하는 편지를 아내에게 내밀었다. 그 편지에는 축하 메시지와 함께 결혼하는 모습이 담긴 그림이 그려져 있었다. 딸이 있어서 너무 행복하다는 생각이 들었다.

마가복음 10장 9절에는 "하나님이 짝지어 주신 것을 사람이 나누지 못할지니라."라는 말씀이 있다. 나는 현숙한 배우자를 위해서 간절히 기도한 그 결과로 지금의 아내를 만나 결혼했다. 그리고 아내도 내가 믿음의 사람이며 자신을 신앙으로 이끌어 갈 만한 남자라고 생각했기에 나를 선택했다고 말하였다.

결혼한 후 지난 나의 세월을 돌아볼 때 무척이나 힘들었다는 생각이 든다. 아마 아내도 똑같은 생각을 할 것이다. 하지만 이제는 불평의 마음이 감사의 마음으로 바뀌고 있다. 지금의 아내가 너무 소중하게 느껴지고, 나와 자녀를 위한 아내의 헌신과 희생이 헛되지 않게 나의 삶을 살아야겠다는 생각이 든다.

하나님, 가을은 곡식들은 무르익고 나무들은 열매를 맺으며 모든 것이 풍성해지는 계절입니다. 저의 삶에서 기도의 열매가 맺어지게 하시고 믿음이 풍성해지게 하여 주시길 원합니다. 그리고 하나님과의 교제와 신앙도 좀 더 깊어지기를 간절히 기도합니다.

오직 여호와를 앙망하는 자는 새 힘을 얻으리니 (이사야 40:31)

어제 새벽 기도 후에 아내가 허전한 마음이 있는지 같이 있기를 원해서 신앙 일기를 쓰는 것을 포기하고 아내의 곁에 누웠다. 나의 인생에 있어서 글을 쓰는 것보다 아내의 필요를 채워주는 것이 우선이다. 아내들은 남편들의 그러한 선택을 통해서 남편이 자신을 소중히 여기며 사랑한다고 생각하는 듯하다.

1~2교시 체육 수업을 마친 후에 여유가 있어서 신앙 일기를 썼다. 그리고 출근하는 아내를 안고 기도를 하지 못했기에 메신저로 기도내용을 적어서 보내었다. 퇴근 후에 아내는 나의 글에 무척이나 감동했던지 나에게 "편지글을 생각을 많이 하고 썼어요?"라고 물었다. 나는 순간적으로 '그냥 생각나는 대로 글을 썼을 뿐인데… 내가 그렇게 글을 잘 썼나?' 하는 생각이 들었다. 아무튼, 아내가 나의 마음이 담긴 그러한 글에 감동하고 나의 사랑을 느꼈다고 하니 마음이 흐뭇했다.

오후에는 어제 결혼기념일에 편지와 선물을 준 딸에게 고마운 마음이 들어서 카톡으로 "예쁜 내 딸 편지와 선물 고마워. 아빠는 우리 딸 너무 사랑하고 항상 기도하고 있다."라는 쪽지를 보냈다. 이러한 "고맙다." 그리고 "사랑한다." 등의 아름다운 말들은 생명을 소생하게 하고 우리의 삶을 윤택하게 하고 풍성하게 만든다.

하나님을 믿고 의지하면서도 때때로 나에게 닥치는 여러 가지 문제로 인해 지치고 낙담할 때가 있다. 그때는 누군가로부터 위로받고 싶다는 마음이 든다. 그래서 인생에 있어서 삶을 나눌 수 있는 친구가 있는 사람은 복이 있는 사람이라고 생각된다.

이사야 40장 31절에 "오직 여호와를 앙망하는 자는 새 힘을 얻으리니 독수리가 날개를 치며 올라감 같을 것이요 달음박질하여도 곤비하지 아니하겠고 걸어가도 피곤하지 아니하리로다."라는 말씀이 있다. 그리고 "하나님께서는 피곤한 자에게는 능력을 주시며 무능한 자에게는 힘을 더하신다."라고 29절에서 성경은 말하고 있다.

곤고한 우리 인생에서 오직 하나님만을 바라보고 의지하는 이에게 하나님은 새 힘을 주시고 곤비하지 않으며 피곤하지 않은 삶을 허락하신다. 우리의 삶은 살다 보면 항상 자신의 욕심에 사로잡혀서 참 기쁨과 행복을 누리지 못하고 살아갈 때가 많이 있음을 보게 된다.

그러므로 이 세상에서 참 지혜가 있는 사람은 '여호와를 앙망하는 자'이다. 그러한 자는 날마다 하나님과 동행하며 그분의 능력과 새 힘을 덧입으며 피곤하지 않고 활력이 넘치는 삶을 살게 될 것이다.

하나님, 오늘 온전히 하나님만을 바라보는 하루가 되게 하소서. 주님 안에서 새로운 힘과 능력을 공급받아서 하나님이 기뻐하시는 일들을 감당하기에 부족함이 없게 하소서.

모든 사람에게 오래 참으라 데살로니가전서 5:14

    학업을 하는 자녀들을 둔 우리 부모들이 가장 마음을 쓰는 것은 자녀들이 다른 것에 마음을 빼앗기지 않고 공부에 집중하도록 하는 것이다. 특히 자녀들의 공부를 방해하는 최대의 적은 스마트폰이다.

    밤늦게 중3 딸이 스마트폰으로 카톡을 하며 미소를 짓고 있었다. 스마트폰에 마음을 빼앗긴 딸을 보니 화가 나서 "그렇게 해서 어떻게 원하는 대학을 갈 수 있겠니?"라는 말을 하며 혼을 내었다. 그리고 "그렇게 부모 말에 순종하지 않으려면 네가 모든 것을 알아서 해."라는 말을 덧붙였다.

    그렇게 한 후에 잠을 청하였는데 분노가 가라앉지 않아서인지 쉽사리 잠을 못 이루었다. 새벽에 교회에 다녀온 후 딸에 대해 곰곰이 묵상하다가 서로 불편한 관계로 있는 것은 좋지 않겠다는 생각이 들었다. 그래서 딸을 불러서 화해하고 출근하기 전에는 딸을 안아주며 "사랑한다."라고 말해 주었다.

    어떻게 보면 아마 그들 나름대로도 자신의 인생과 학업에 대해 고민하고 노력하고 있을 터인데, 부모가 좀 더 기다려 주지 못하고 성급하게 판단하고 행동해서 자녀들을 망치는 경우도 많다. 그러므로 자녀들을 화내게 하지 말고 그들의 편에서 이해하려고 노력할 때 좋은 결과들을 얻을 수 있을 것이다.

    데살로니가전서 5장 14절에 "또 형제들아 너희를 권면하노니 게으른 자들을 권계하며 마음이 약한 자들을 격려하고 힘이 없는 자들을 붙들어 주며 모든 사람에게 오래 참으라."라는 말씀이 있다.

가정생활과 사회생활을 하다 보면 나와 마음이 맞지 않는 사람을 만나는 경우가 종종 있다. 우리는 그 사람을 만날 때마다 그 사람이 '눈엣가시'처럼 느껴지며, 때로는 그와 부딪히는 일도 있을 것이다.

하지만 성경은 우리에게 "모든 사람에게 오래 참으라."고 말한다. 나는 첫째인 아들을 키우면서 너무나도 힘든 세월을 보내었다. 마음속의 분노가 머리끝까지 치솟아 오를 때가 한두 번이 아니었다. 하지만 아들이 나와의 약속을 어기고 실망시킬 때마다 미래의 아들과 나의 관계를 위하여 몇 백 번이 아닌 몇천 번을 용서하고 인내하였다.

아들이 나를 힘들게 할 때마다, 하나님이 나에게 베풀어 주신 용서와 사랑을 생각하였다. 나 또한 반복해서 똑같은 죄를 짓고 하나님을 떠나 세상의 헛된 것을 좇아 세상과 연락하며 살았기에 아들을 이해하고 용서했다.

하나님께서는 집을 떠나 '탕자의 삶'을 살고 있던 나였지만 항상 나를 '아들'이라 칭해 주시고 그 넓고 따뜻한 품 안에 품어주셨다. 그 사랑이 나를 현재의 이 자리에 있게 하셨고, 나의 또 다른 미래를 열어가는 원동력이 되어 주리라 믿고 확신한다.

그리고 아내의 인내에 찬사를 보내고 싶다. 나같이 무계획적이고 대책 없이 사는 인생을 끝까지 포기하지 않고 인내하며 기도해 준 것에 대해 고맙게 생각한다. 농부가 씨앗을 뿌리고 물을 주며 김을 매는 수고를 아끼지 않는 것 같이 우리도 인생의 가을에 풍성한 열매를 맺기 위해서는 인내와 사랑의 수고를 아끼지 않아야 할 것이다.

하나님, 미련한 우리 인생은 주의 공로를 모르고 그 쓸쓸한 사막 가운데 늘 헤매고 다닐 수밖에 없는 존재입니다. 저희의 인생을 불쌍히 여기시고 오늘 하루 하나님이 저에게 베풀어 주신 축복과 사랑을 깨닫고 기뻐하며 이웃과 나누는 하루가 되게 하여 주소서.

육신의 생각은 사망이요
영의 생각은 생명과 평안이니라 로마서 8:6

결혼해서 가정을 이루고 자녀를 둔 부모들은 많은 시간과 물질을 자녀에게 할애한다. 우리 부부도 마찬가지이다. 어제도 저녁 식탁에서 딸의 고등학교 선택을 두고 대화를 나누었다. 인생의 진로를 두고 무언가를 결정한다는 것은 쉬운 일이 아니다. 그래서 결정의 순간 직전까지 쉽게 결정하지 못하고 거듭해서 고민하게 된다. 결국, 결정하지 못하고 대화는 마무리되었다.

딸이 영어 학원을 정하지 못해서 집에서 내가 내어준 영어 과제를 매일 하고 있다. 나의 부족함 때문인지 딸의 영어 성적은 어느 정도는 나오지만 만족할 만한 수준은 아니다. 그래도 지금까지 학원도 안 다니면서 혼자 공부해서 그런 성적을 내어주는 것이 대견하다.

어찌 되었건 집에서 영어 공부를 하다 보니 매일 딸이 영어 단어를 외우고 난 후에는 내가 점검을 해주어야만 한다. 잠시 봐주는 것이지만 밤늦게 그 일을 한다는 것이 여간 힘이 드는 것이 아니다. 그래서 빨리 영어 학원을 알아보고 등록을 시켜줄 생각이다.

최근의 나의 고민은 자녀 양육에 있어서 자녀를 위해서 기도만 할뿐이지 신앙적으로 잘 양육하지 못하고 있다는 것이다. 그래서 가정 예배를 드려볼까 생각도 해보고 가끔은 자기 전에 성경도 읽어주고 기도도 해준다. 제일 좋은 것은 스스로 성경을 읽고 기도하는 경건의 시간을 갖도록 하는 것인데 쉬운 일이 아니다.

가끔 식탁에서 신앙과 관련된 이야기를 조금만 해도 우리 딸은 그것을 잔소리로 생각하고 듣기 싫어한다. 어제도 영어 공부를 중단하고 신앙적인 이야기를 시작하자 딸은 금방 싫은 티를 내었다.

로마서 8장 6절에 "육신의 생각은 사망이요 영의 생각은 생명과 평안이니라."라는 말씀이 있다. 우리는 자녀를 양육할 때, 하나님의 자녀로서 올바르게 살아가는 것보다는 세상의 부와 명예를 추구하도록 가르칠 때가 더욱 많은 것 같다.

나는 딸에게 우리의 삶에 있어서 우선순위가 되어야 할 것은 신앙이라고 이야기하고 하나님께 우리의 인생을 맡길 때 가장 좋은 길로 나아갈 수 있다고 말해 주었다. 처음에는 듣기 싫어했지만 오래간만에 신앙과 삶에 대해 딸과 오랫동안 진지하게 대화를 했다.

하나님, 제 인생에서 하나님이 저의 우선순위가 되기를 원합니다. 지금까지의 삶을 통해 하나님께 저의 삶을 맡기는 것이 최선이자 최고의 삶인 것을 믿고 확신합니다. 고단한 인생을 살아가는 동안에 하나님의 날개와 그늘 아래에서, 쉼을 누리게 하시고 인생의 거친 바다를 믿음으로 이겨나가게 하소서. 오늘도 저의 삶 가운데에 하나님의 살아계심과 역사하심이 있게 하소서.

사람의 행위가 자기 보기에는 모두 깨끗하여도 잠언 16:2

어제는 수업 후에 교직원이 함께하는 산행이 있었다. 추운 날씨와 산행을 대비해서 두꺼운 파카를 입고 등산화를 신었다. 버스에 올라타서 산으로 가는 도중에 조카로부터 카톡을 받았다. 카톡의 내용은 내 마음을 약간은 심란하게 만들었다.

지난 세월을 돌아보면 중3 시절부터 형님 가족과 함께 생활하기 시작하며 조카들의 마음은 헤아리지 못하며 살아왔다. 이제 세 아이의 엄마가 된 조카는 지나간 삶 속에서 삼촌인 내가 자신의 부모가 한 수고에 감사하지 않는다고 생각했다. 시간이 되면 대화를 통해 오해했던 지난날의 상처들을 씻어야겠다.

학교에서 나서기는 약간 귀찮았지만 화창한 날씨에 단풍이 진 가을 산을 만나자 마음이 한결 가벼워졌다. 산행하면서 평소에는 이야기하지 못한 직장 동료들과 이야기도 하며 웃음꽃을 피웠다. 참으로 오래간만에 맛보는 기쁨들이었다.

버스로 돌아오는 길에 버스 안에서 5~6학년 선생님들끼리 재미있는 이야기들이 오고 갔다. 선생님들이 행복하게 웃음 지으며 이야기하고 떠드는 모습이 참으로 아름답게 느껴졌다.

어제는 아내도 회식이 있는 날이어서 아들과 딸에게 저녁 식사비를 통장으로 입금해 준다고 하였다. 부모에게 의존하는 자녀로 키우지 않기 위해서 고3 졸업 후에 아들에게는 용돈을 주지 않고 있다. 아들은 낮과 밤이 바뀐 생활을 하고 있다. 그래서인지 지나간 여름이 그렇게 더웠지만, 아들은 낮에는 자고 밤에는 PC방 생활을 하였기에 전혀 더위를 느끼지 못했다고 한다.

가끔 아들에게 집안일을 시키고 용돈을 줄 때가 있다. 부모의 마음은 그런 것 같다. 먹을 것이 있으면 좋은 것은 자녀를 위해 남겨두고 안 좋은 것을 먹는다. 아들에게 식사비를 줄 때도 처음에는 1만 원을 생각했지만, 결국에는 3만 원을 입금해 주었다.

아마도 내가 나의 자녀들에게 가장 좋은 것으로 주고 싶은 것처럼 하나님도 나의 삶에 가장 좋은 것으로 채워주시기를 바라실 것이다. 그래서 지금 나에게는 아무것도 주어진 것이 없지만 하나님을 믿는 나의 삶은 참으로 복되다는 생각이 들었다.

어제는 10월의 마지막 날이자 아내와 내가 결혼을 하게 된 운명적인 날이었다. 서로를 이해하고 용납하지 못했던 지난날에는 우리의 만남이 '김건모의 노래 가사'처럼 '잘못된 만남'이었다. 하지만 지금은 아내의 말에 귀 기울여주는 나의 삶을 보며 아내는 너무나도 행복해한다. 나 또한 그러한 삶을 꿈꾸었기에 참으로 행복한 시간을 보내고 있다.

바쁜 나머지 결혼기념일도 아무런 이벤트도 없이 지나가 버려서 어제는 아내를 위해서 안개꽃 가운데에 하트모양의 소국과 장미가 어우러진 꽃바구니를 준비했다. 그리고 꽃들 사이에 나의 사랑이 담긴 작은 엽서를 꽂아 두었다.

꽃바구니를 받은 아내는 꽃바구니 사진을 찍어서 카톡에 올리며 친구들에게 자랑했다. 아내의 행복해하는 모습을 보며 한 편으로는 기뻤지만, 지난 세월 동안 '내가 아내에게 너무 잘못하며 살았구나!' 하는 생각이 들었다. 지난 세월 동안 가족을 위해 최선의 삶을 살지 못했기에 이제는 참회하는 마음으로 가족의 행복을 위해 힘쓰기로 다짐해 보았다.

잠언 16장 2절에 "사람의 행위가 자기 보기에는 모두 깨끗하여도 여호와는 심령을 감찰하시느니라."라는 말씀이 있다. 인생을 살면서 자신은 최선을 다하며 완벽하다고 생각하지만 다른 기준을 가지고 있는 사람들에게는 그렇게 보이지 않을 때가 많다. 특히 불합리하고 옳지 않은 행동을 하며 자기 자신을 합리화해 보지만 심령을 감찰하시는 하나님이 보시기에는 더욱 온전하지 못할 때가 있다.

기도하고 신앙 일기를 쓰기 시작하며 하나님께서 깨어졌던 나의 인간관계들을 회복시키시기 시작했다. 물론 새벽마다 일어나서 이러한 일을 하는 것이 힘들지만 하나님이 나에게 주신 길이라 받아들이며 기쁘게 이 길을 따라 걸어가고 싶다.

하나님, 잠언 16장 3절에 "너의 행사를 여호와께 맡기라. 그리하면 네가 경영하는 것이 이루어지리라."라는 말씀처럼 나의 삶에 작은 것 하나까지도 하나님께 맡길 수 있는 믿음을 허락하소서.

이기기를 다투는 자마다 모든 일에 절제하나니 고린도전서 9:25

지금 내 주위의 세상은 고요하지만 내 마음은 평온하지 못하다. 학교 일과 가정일 그리고 세상의 잡다한 생각이 뒤엉켜서 마음이 항상 분주하다. 갑자기 「가시나무」라는 가요의 노래 가사가 떠오른다. "내 속엔 내가 너무도 많아 당신의 쉴 곳 없네. 내 속엔 헛된 바람들로 당신의 편할 곳 없네. 내 속엔 내가 어쩔 수 없는 어둠 당신의 쉴 자리를 뺏고, 내 속엔 내가 이길 수 없는 슬픔 무성한 가시나무 숲 같네."

그저께 아침에 학교에 출근하자마자 아들에게서 "아빠, 지금 집에 와줄 수 있나요?", "머리가 아프고 손발이 저린데, 병원에 같이 가줄 수 있어요?"라는 메시지가 왔다. 아들은 한 번의 입원과 병으로 '자신이 중한 병에 걸린 것은 아닌가?' 하는 두려움이 있었던 것 같았다.

나는 교장 선생님께 말씀드리고 황급히 집으로 돌아온 후 아들을 데리고 집에서 가까운 종합병원으로 갔다. 그런데 바로 진료를 받을 수가 없어서 오후 3시에 진료 예약을 잡고 다시 집으로 왔다.

아들이 안쓰러워서 엎드리라고 한 후에, 안마를 해주었다. 아들은 너무 편안한 나머지 곧 잠이 들었다. 오후에 다시 병원으로 가서 신경과 의사의 진료를 받았는데, 특별한 검사와 진료는 없고 일단 약을 처방받고 경과를 지켜보자는 말만 들었다.

이제 주민등록증도 나오고 성인이라고 생각했던 아들이 병원 가는 것이 두려워서 아빠를 찾는 것을 보고, 부모에게 자식은 나이가 들더라도 '아이'로 볼 수밖에 없다는 생각이 들었다. 나는 집으로 돌아오는 차 안에서 아들에게 앞으로는 불규칙적으로 생활하지 말고 식사도 잘하라는 당부의 말을 했다.

요즘 중3인 둘째 딸의 공부가 많이 염려되어서 신경을 많이 쓴다. 내가 공부하던 시절과는 달리 요즈음은 왜 이렇게 신경을 써야 할 것이 많은지 모르겠다. 그러나 돈이 들고 힘이 들어도 고등학교에 입학하기 전에 딸을 위해서 무언가 대비를 해야만 했다.

그래서 어제는 공부 습관이 안 된 딸이 다른 친구들로부터 공부에 대한 자극도 받고 공부 습관을 길렀으면 하는 바람으로 학원에서 하는 5주 과정의 'winter school'을 알아보았다. 선행학습을 하고 학원에 의존해야만 하는 한국의 교육적 상황이 싫지만 어쩔 수 없이 나도 다른 부모들과 같이 이런 선택을 할 수밖에 없음에 자괴감이 들었다.

어제 TV의 한 프로그램에서 주윤발이 '8100억'을 사회에 기부한다는 소식을 들었다. 그 돈은 모으기도 힘들지만 기부하기는 더욱 힘든 금액이다. 그는 "그 돈은 자신이 잠시 맡아서 있을 뿐이고, 죽어서도 가져갈 수 없다."라고 말했다. 또한 '밥 세 끼와 누울 수 있는 작은 침대'만 있으면 자신은 행복하다고 말했다.

나도 지금까지 살면서 항상 나누는 삶을 살았다. 그리고 항상 내게 직업이 있음과 돈을 벌 수 있음에 감사했다. 그러기에 나는 내가 가진 것을 조금이라도 이웃과 나누며 살고 싶었고 그러한 삶을 살았다. 나의 작은 나눔이 도움을 받는 이에게는 생명을 이어갈 수 있는 생명의 줄이 될 수 있기 때문이다.

고린도전서 9장 25절에 "이기기를 다투는 자마다 모든 일에 절제하나니 그들은 썩을 승리자의 관을 얻고자 하되 우리는 썩지 아니할 것을 얻고자 하노라."라는 말씀이 있다. 우리의 인생에 있어서 무언가 자신이 목표하는 것을 이루고자 하면 '절제하는 마음'이 필요하다. 절제함이 없는 무분별한 인생은 '파멸의 길'로 갈 수밖에 없을 것이다.

가끔은 '내가 이 믿음을 하나님 나라에 갈 때까지 계속 유지할 수 있을까?'라는 의구심이 들 때가 있다. 왜냐하면, 믿음이 있노라 하는 이들도 세상의 유혹에 넘어지는 것을 볼 때가 있기 때문이다. 그래서 사도바울도 고린도전서 9장 27절에 "내가 내 몸을 쳐 복종하게 함은 내가 남에게 전파한 후에 자신이 도리어 버림을 당할까 두려워함이로다."는 말을 하고 있다.

하나님, 오늘도 세상의 유혹에 흔들리지 않고 오직 주의 말씀을 붙들고 살아가는 하루가 되게 하소서. 또한 교만하지 아니하고 겸손히 무릎으로 하나님께 나아가며 하나님의 도우심을 구하게 하시고, 주의 은혜의 날개 아래에 거하는 하루가 되게 하소서.

3부   우리의 필요를 채우시는 하나님

내가 복음을 부끄러워하지 아니하나니 로마서 1:16

요즈음 나에게 정말 변화들이 많이 일어나고 있다. 5주 전 하나님의 은혜를 체험하기 전에 난 어둠이었고 세상의 악한 영에 짓눌린 삶이었다. 늘 자존감이 낮았으며 자신을 자학하는 삶을 살았었다. 하지만 하나님의 크신 은혜가 임한 후에는 주님 안에서 나의 자존감을 회복했고, 날마다 기도와 말씀을 통해 하나님의 임재를 체험하게 되었다.

그리고 또 한 가지의 변화는 날마다 만나는 사람마다 복음을 전하고 있다는 것이다. 나의 삶을 나누는 것이지만 그 속에 증거 하고자 하는 분은 예수그리스도이다. 나를 죄악의 늪에서 건지신 분, 이 세상의 모든 죄인을 구원하실 분, 난 그분을 날마다 증거 하는 증인의 삶을 살고 있다. 나에게 은혜를 주신 분도 또한 날마다 복음을 증거 하게 하시는 분도 예수님이심을 고백한다.

그저께는 스마트폰을 사고 나서, 그 가게의 SK텔레콤 점장에게 복음을 전하였다. 내가 하나님의 은혜를 받은 내용을 그에게 전달하자, 그는 나에게 이렇게 물었다. "신앙을 가지면 과연 그렇게 될 수 있나요?" 아직도 그의 물음이 내 귓가를 맴도는 듯하다.

우리 학교에는 생활 지도하기에 쉽지 않은 아이가 1명이 있다. 그 아이는 자주 친구들과 다투고 선생님의 수업을 힘들게 한다. 의사의 진단과 상담을 받고 인간적인 노력을 다하였지만 잘 개선이 되지 않아 엄마도 무척이나 힘들어하는 것 같았다. 물론 그 아이 주변의 학급 친구들과 담임선생님도 힘들기는 매한가지이다.

개학하기 이틀 전에 그 아이의 영혼을 위해 기도하다가 그 엄마에게 전화해야겠다는 생각이 들었다. 전화로 담임은 아니지만 2학기에 좀 더 관심을 가지고 돌보겠다고 약속을 했다.

어제 체육 시간(난 체육 전담)에 그 아이는 또 친구와 다툼을 했고, 친구에게 상처를 남겼다. 난 그 아이와 그와 친한 친구 둘을 데리고 나와서 상담을 했다. 상담이 끝난 후, 그 어머니에게 전화해서 상담 내용을 말씀드리고 아이에 대해 이야기를 나누었다. 이야기하는 도중에 난 아이어머니에게 "혹시, 교회 다니시나요?"라고 물어보았다. 그 물음에 아이어머니는 전에는 불교를 믿었는데, 지금은 남편과 함께 교회를 다닌다고 말했다.

난 아이어머니에게 아이를 위해서 기도하고 절대 포기하지 말자고 말씀드렸다. 아이어머니는 대화 도중에 마음이 아프신지 흐느끼시곤 했다. 그 어머니의 모습에서 지나간 세월의 아픔이 느껴졌다.

오늘은 ○○를 점심시간에 만나서 기도해 주고자 한다. 아이를 괴롭히는 악한 영의 세력이 '예수님의 이름'으로 명할 때 떠나가는 역사가 있기를 기도한다.

그리고 조카를 교회로 인도해야겠다고 생각했는데, 마침 어젯밤에 전화가 왔다. 학생 때에는 교회를 다녔는데, 지금은 신앙에 대해서 너무 부정적인 생각들로 뒤덮여 있는 것 같았다. 저녁에 만나서 식사도 하고 대화를 나누면서 그 영혼을 돌아보아야겠다. 오늘도 내가 가는 곳마다 그리고 내가 하는 이 모든 일에 성령의 역사가 있기를 간절히 기도한다.

그러나 내가 나 된 것은 하나님의
은혜로 된 것이니 _{고린도전서 15:10}

어제 특별히 돌보는 ○○에게 약속했던 태블릿 PC를 주었다. 그리고 오늘 하루는 친구들과 사이좋게 지내달라고 부탁했다. 하지만 이러한 나의 바람은 얼마 지나지 않아 산산이 부서졌다. 쉬는 시간에 또 반 아이들과 싸운 것이다. 기도를 시작한 지 이틀밖에 되지 않았지만, 마음속 깊은 곳에 실망감이 밀려왔다.

○○ 엄마가 학교에 와서 ○○를 조퇴시켜서 집으로 데려갔다. 나는 ○○ 엄마와 통화를 하면서 첫술에 배부르겠냐며 좀 더 기도하고 노력하자고 하였다. ○○도 자신의 잘못은 인정하지만 잘 고쳐지지 않는다고 나에게 말하였다. 누구든지 자신에게 배인 오래된 습관을 쉽게 고치지는 못한다. 하지만 ○○와의 대화 속에서 가능성이 있음을 느꼈다.

누구든지 살아가고 싶은 삶의 모양들이 있다. 그렇다면 '나는 어떠한 모습으로 살아가고 싶은가?' 나의 소망은 예수님처럼 살아가고 싶다. 소외되고 버림받은 자의 곁에서 그들과 함께하고 그들을 위로하며 그들에게 소망을 주는 삶을 살아가고 싶다.

갑자기 퇴근 때 통화했던 직장 동료와의 통화가 생각난다. 요즘 재미나게 잘 지내냐는 물음에 재미가 없고, 돈벼락이나 맞았으면 하는 말을 했다. 그 말을 듣고 지금 이 시대를 살아가고 있는 모든 소시민의 바람이 아닐까 생각해 보았다. 그렇다면 과연 '돈이 우리를 행복하게 해줄까?', 돈이 많으면 좀 더 편리한 생활을 할 수는 있겠지만 그것이 우리의 행복을 책임져 줄 수는 없다. 나 또한 재테크를 잘해서 돈을 많이 벌었다면 하나님을 멀리하고 세상과 짝하며 살아갔을 것이다.

'소확행'이란 말이 있듯이 행복은 우리 가까이에 있다고 생각한다. 우리가 작은 것에 감사할 수 있는 마음을 가진다면 세상은 달라 보일 것이다. 새벽기도회 가는 길에 아파트 주변의 피어있는 꽃들의 미소가 나를 행복하게 해주었다. 그리고 새벽 예배 후 아파트 벤치에 앉아 빗방울을 맞고 묵상할 때 작은 행복감을 느꼈다.

주님 말씀대로 살아가고자 하지만 연약한 인생이기에 100%로 말씀대로 살아갈 수 없다는 것을 절실하게 느낀다. 오늘은 너무 피곤해서 6시까지 교회에 엎드려 있다가 왔다. 기도할 힘이 없었지만, 기도의 자리는 지키고 싶었다. 하나님께서도 그것을 기뻐하시리라 믿는다.

사람들은 나의 좋은 모습만 보고 있다. 조금이라도 실망스러운 모습을 보이면 이내 그들은 나에게서 돌아선다. 하지만 하나님은 변하지 않는 사랑으로 나를 사랑하시고, 나의 전부를 사랑해 주신다. '은혜 아니면 살아갈 수 없네.'의 노래의 가사처럼 오늘도 하나님의 은혜를 간절히 바라며 그분의 큰 은혜 속에서 하루를 살아가고 싶다.

다니엘은 뜻을 정하여 다니엘 1:8

주일에 너무 많은 일을 해서인지 피곤함에 지친 몸을 일으키기가 쉽지가 않았다. 하지만 내 자리를 지켜야 한다는 생각에 예배당을 향해 발걸음을 옮겼다.

담임목사님은 휴가를 얻으셔서 자리를 비우시고 부목사님이 예배를 인도했다. 교회에서 담임목사님의 자리는 무척이나 큰 것 같다. 어느 교회이든지 교인들은 담임목사님의 설교를 듣기를 원한다. 그래서 한국교회에서는 교회가 어느 정도 성장할 때까지는 담임목사님이 자리를 못 비우시는 것 같다.

7월 말부터 나의 육신을 돌보지 않고 쉼 없이 달려와서인지 오늘 새벽은 기도하면서 특별한 감동이 없었다. 이제 그러한 열정에 사로잡힌 시간은 지나고 일상의 마음으로 평정된 마음으로 돌아오는 것 같다. 하지만 난 순간순간 내 믿음을 하나님 앞에 고백하고 기도한다.

다니엘서 1장 8절에서는 "다니엘은 뜻을 정하여 왕의 음식과 그가 마시는 포도주로 자기를 더럽히지 아니하리라." 하는 말씀이 있다.

그 말씀을 살펴보면 첫째, 다니엘은 하나님 앞에서 거룩한 삶을 살기 위해 뜻을 정하였다는 것이다. 그래서 나도 '범사에 하나님을 인정하는 삶을 살아야겠다.'라는 뜻을 정하여 보았다.

그리고 이 눈에 아무 증거 아니 뵈어도 하나님의 하나님 되심을 인정하고, 내가 기도한 대로 이루어지지 않을지라도 그 속에서 역사하시고 이끄시는 하나님의 섭리를 받아들이는 삶을 살고자 한다.

오늘도 학교 체육 수업 시간에 ○○가 같은 학급의 친구와 말다툼을 했다. ○○가 말하기를 "유치원 때부터 같은 반이었는데 너무 사이가 안 좋다."는 것이었다. 물론 다른 아이들과의 관계에도 조금은 문제가 있겠지만 지금까지 담임을 맡은 선생님들이 조금만 상담과 관심을 가졌다면 반을 분리해 줄 수도 있었을 터인데 안타깝고 아쉬운 마음이 들었다. ○○가 내 자녀는 아니지만 ○○의 영혼이 불쌍하다는 생각이 들었다.

　○○의 어머니가 어떻게 결정하실지 모르지만 ○○가 학교에 있는 동안에는 최선을 다하고 싶다. '믿음을 꺼내어서 하나님을 움직이게 하자.'라는 목사님의 말씀처럼 '기도하고 사랑하고 헌신했더니 ○○가 이렇게 변했어요.'라고 외칠 때가 곧 나에게 다가왔으면 한다. 진정으로 ○○를 통해서 하나님의 살아계심이 증거되었으면 한다.

내가 네게 보여줄 땅으로 가라 _{창세기 12:1}

짧은 하루였지만 많은 사건이 있었다. 첫째, 아침에 출근하는 길에 한 선생님을 만났다. 인사를 건네는 도중에 아침 식사를 안 해서 배가 고프다는 이야기를 들었다. 그 말에 마음이 쓰여 행정실로 오라고 했다. 그리고 준비한 빵 한 조각을 그 선생님에게 내밀었다. 조그마한 배려였지만 신경 써주어서 고맙다고 했다.

둘째, 3교시 체육 수업을 하는데 4학년 선생님이 나와서 학생 1명이 모둠별 활동을 하다가 친구와 다투어서 학교 밖으로 나가버렸다고 어쩔 줄 몰라 했다. 내가 약간 진정시키고 교감 선생님에게 말씀드리라고 했다. 오후에 찾아가서 다시 위로해 주고 어떤 일이 있어도 침착하게 대응하고 어려운 일이 있으면 도와주겠다고 말하였다.

셋째, ○○와 다툼이 잦은 친구를 점심시간에 체육실로 불러 상담했다. 2학년 말에 전학을 와서 3학년부터 지금까지 사이가 안 좋아 다툼을 많이 했다고 했다. 쉽지는 않겠지만 ○○와의 문제를 해결하기 위해 노력해 보자고 하고 교실로 돌려보내었다. 두 아이가 상처가 치유되고 문제가 해결되어 즐거운 학교생활을 하였으면 하는 바람이다.

언제부터인가 하나님의 은혜가 임한 후부터 야구 경기를 보는 것에 흥미를 잃었다. 어제도 내가 응원하는 팀의 경기를 조금 보다가 지루해서 TV를 껐다. 그리고 '하용조 목사님'의 '리더십'에 관한 설교를 유튜브를 통해서 보았다.

설교의 핵심은 '하나님의 음성을 듣고 즉각적으로 순종하는 믿음'이 우리 신앙인의 삶에서 필요하다는 것이었다. 성경 속의 위대한 믿음의 영웅들은 모두다 '순종의 사람'이었다.

창세기 12장 1절에서 하나님은 '아브람(높은 아버지)'에게 고향과 친척과 아버지의 집을 떠나라고 말씀하셨을 때 그는 여호와의 말씀을 따라갔다. 그리고 창세기 22장 2절에서 아들인 이삭을 번제로 드리라고 했을 때도 '아브라함(많은 무리의 아버지)'은 아침에 일찍이 일어나 하나님이 일러 주신 곳으로 발걸음을 내디뎠다. 두 번째 순종의 자리에서 아브라함은 아브람에서 아브라함으로의 영적 성장이 있었다. 나 또한 아브라함처럼 믿음의 영적 성장이 있었으면 한다.

신약성경을 보면 예수님이 제자들을 부르실 때, 그들은 지체하지 않고 즉시 예수님의 부르심에 응답하여 주님을 따라갔다. 그러한 부르심에 순종한 그들은 신약성경에서 믿음의 역사를 써 내려가는 주인공이 되었다.

나 또한 오늘도 하나님의 음성을 듣고자 원하며 말씀하실 때 순종하고자 한다. 나름대로 나 자신도 '믿음의 작은 역사'를 써 내려갔으면 한다.

우리 삶의 필요를 채우시는 예수님 마가복음 8:6

요즘은 쉴 틈 없이 바쁘다. 눈을 뜨면 새벽 기도회에 다녀오고 또 신앙 일기를 쓴 후 아침 식사를 준비한다. 그리고 출근할 준비를 한다.

학교에 도착해서 수업하고 점심 식사 후에 잠시 학교 업무를 보고 참석하기 싫은 학교운영위원회에 가려고 하는 순간이었다. 행정실 주무관님으로부터 전화가 와서 "학교 정문 앞에서 우리 학교 아이가 교통사고가 났어요."라는 말을 전해 주었다. 나는 교감 선생님과 함께 학교 정문 앞으로 급히 나갔다. 다리에 찰과상을 입은 아이와 학부모님들이 몇 분이 사건 현장에 서 있었다.

사건의 경위를 들어보니 아이가 학교 정문에서 '횡단보도'가 없는 반대편으로 갑자기 뛰어나갔다는 것이었다. 그리고 그 순간에 차의 앞 왼쪽 범퍼에 아이가 부딪혔다는 것이었다. 아이의 상처를 보면 심각한 것은 아니었지만 아이는 많이 놀란 상태였다. 곧이어 119구급차가 와서 아이를 근처 병원으로 데려갔다.

교통사고가 일어난 원인을 되짚어 보면 먼저 학교 정문 맞은편 커피숍 앞에 차가 주차되어 있어서 사고 차량이 중앙선을 넘어서 학교 앞으로 달려왔다. 또한 운전자가 전방을 주시하지 않고 차를 운전한 것 같다. 안전사고 예방은 아무리 강조해도 지나치지 않는다.

성경으로 돌아와서 마가복음 1:1-10절을 보면, 예수님이 오병이어의 기적(떡 다섯 개와 물고기 다섯 마리로 남자만 오천 명을 먹이심)을 행하신 이후에 또 사흘 동안 함께한 배고픈 무리를 위하여 떡 일곱 개와 작은 생선 두어 마리로 사천 명을 먹이시는 기적을 행하신다.

이 사건을 통해 예수님은 우리의 현실적인 상황을 인지하시고 외면하지 않으시는 분이라는 것을 알게 된다. 사흘 동안 예수님의 가르침을 받은 그들에게, 이제 필요한 것은 배고픔을 해결해 줄 수 있는 빵이었다.

참된 그리스도인으로 살아가기 위해서는 예수님처럼 타인의 필요와 아픔에 공감할 줄 아는 공감 능력이 꼭 필요하다고 생각한다. 당장 배고픔으로 죽어가는 사람에게는 생존의 문제를 해결할 수 있는 빵이 필요하다. 우리 그리스도인들은 이러한 부분을 직시하고 지혜롭게 행동해야 할 것이다.

새벽 기도를 마치고 돌아오는 길에 좋은 교회 옆에 사는 것에 대해 감사하는 기도를 했다. 교회 담임목사님이 새벽마다 들려주시는 하나님의 말씀이 내게는 너무도 소중하고 은혜로운 말씀이기 때문이다.

오늘은 교육청에서 주최하는 육상대회가 있어서 대회 장소로 빨리 가야 했다. 그래서 나는 평소보다 일찍 일어나 새벽 4시부터 김치와 참치를 볶고 사과를 넣어 주먹밥을 준비했다. 그리고 참기름과 깨소금, 김가루도 함께 넣어 주먹밥을 만들었다. 주먹밥에 사과를 넣은 것은 새로운 시도였다.

또한, 포도와 사과도 잘 준비해서 냉장고에 넣어 두었다. 재능있는 무면허 요리사로서 가족을 위해 맛있는 음식을 할 수 있다는 것이 감사하고 행복하다. 우리 가족이 나와 맛있는 요리로 인해서 날마다 행복했으면 한다.

내가 새벽 기도회를 끝내고 집에 도착하자 밤새 게임을 하다 돌아온 아들이 타파통에 담긴 주먹밥 여섯 개를 무섭게 흡입하고 있었다. 사실

타파통에 있는 것은 가족이 함께 먹고, 따로 준비한 것은 학교에 가져가려고 했는데, 아들이 맛이 있었는지 모두 먹어버렸다. 새벽부터 무척이나 분주했지만, 나로 인해 우리 가족이 행복해하는 것을 보니 마음이 무척이나 기쁘다.

하나님, 당신께 나아갈 때마다 여전히 부족한 죄인인 것을 고백합니다. 믿음이 무엇이관데 하나님이 저를 믿음으로 의롭게 하시고 하나님과 동행하는 삶을 살게 하시니 감사합니다. 항상 하나님에 대한 첫사랑을 가지고 초심을 잃지 않고 살아가게 하소서.

네 하나님이 어디 있느냐? 시 42:3

1교시 후 쉬는 시간에 ○○가 환한 얼굴로 체육실에 있는 나를 찾아왔다. 며칠 동안 ○○를 보지 못해서 무척이나 반가웠다. 나는 ○○를 품에 안고 축복하는 기도를 해주었다.

매일 기도한 아이라서 그런지 내게는 ○○가 친아들 같고 사랑스럽기만 했다. 이야기를 잠시 나누고 ○○가 돌아간 후에 나의 마음은 그지없이 행복했다. ○○는 수업 시간에 나를 힘들게 하는 아이가 아니라 나에게 기쁨을 주는 아이라는 생각이 들었다. 그 순간에 기도와 사랑의 힘은 너무나도 크고 위대하다는 믿음을 갖게 되었다.

그리고 3교시 5학년 체육 시간에 육상대회에 참가했던 한 아이가 "선생님, 우리 엄마 좋아해요? 어제 왜 그렇게 가깝게 있었어요?"라고 엉뚱한 질문을 했다. 나는 "엄마와 자녀 교육에 관한 이야기를 나누었고, 다 너를 위해서 한 것이야."라고 대답을 해주었다.

우리 딸도 마찬가지이지만 아이들은 말할 때, 직설적으로 말한다. 그래서인지 듣는 이로 하여금 재밌게도 하고 때로는 당황하게 하기도 한다. 그것은 아이들이 그만큼 세상에 때 묻지 않고 순수하다는 것을 의미할 것이다.

오후에는 교감 선생님 대신에 가기 싫은 교육청 출장을 갔다. 교육청으로 운전을 하며 가는 내내 먼저 교감이 된 친구들과 나를 비교하는 자신을 발견했다. '왜 나는 이 자리에서 무엇을 하고 있는가?'라는 질문을 자신에게 했다.

하나님 안에 있는 나이지만 여전히 인간적인 생각을 하는 자신임을 인정하고 고백한다. 하지만 높은 지위가 다는 아니라는 생각한다. 각자가 자신의 위치에서 최선을 다하고 떳떳하게 살 수 있다면 그것으로도 가치 있고 아름다운 인생이라고 생각한다.

연수가 끝난 후 그곳에서 친구도 만나고 친한 교감 선생님도 만났다. 그 교감 선생님은 나에게 "시간 되면 퇴근하는 길에 연락해서 같이 밥 먹자."라고 말씀하셨다. 나도 흔쾌히 "예, 꼭 연락을 드리겠습니다."라고 대답했다.

시편 42편 3절에 "사람들이 종일 내게 하는 말이 네 하나님이 어디 있느냐 하오니 내 눈물이 주야로 내 음식이 되었도다."라는 말씀이 있다. 그리고 해답의 말씀으로 11절에 "내 영혼아 네가 어찌하여 낙심하며 어찌하여 내 속에서 불안해하는가. 너는 하나님께 소망을 두라 나는 그가 나타나 도우심으로 말미암아 내 하나님을 여전히 찬송하리로다."라고 하고 있다.

신앙생활을 하다 보면 "네 하나님이 어디 있느냐?"라는 비판의 소리에 직면할 때가 많이 있다. 기도하면서 예수님의 십자가 사건을 묵상하게 되었다. 예수님이 십자가에 달리셨을 때, 관리들과 군인들은 "네가 그리스도이거든 그리고 유대인의 왕이거든 자신을 구원하라." 하며 비웃고 조롱했다.

그 비웃음과 조롱을 받았던 예수님은 사흘 만에 무덤에서 죽음의 권세를 깨트리고 부활하셨다. 그리고 제자들과 사람들에게 나타나 자신을 증거 하셨고, 그 예수님을 통해 많은 이들이 구원받고 변화되는 역사가 일어났다. 그 결과 예수님을 따르는 이들을 통해 복음이 세계 곳곳에 증거되었다. 또한, 이 척박한 한국 땅에도 복음이 전파되어 전국 방방곡곡에 교회가 세워지게 하시고, 나 또한 주님의 제자로서 살아가게 하셨다.

내 하나님은 지금 이곳에 나와 함께하신다. 그리고 오늘도 나를 통해 일하시고 역사하시기를 원하신다. 오늘 순간순간을 내 삶에 역사하시는 하나님께 소망을 두고 하루를 살아가기를 원한다.

하나님, 세상 속에서 저는 초라하고 보잘것없는 인생임을 고백합니다. 하지만 하나님의 능력의 손이 나를 붙들 때. 세상에 영향력을 끼칠 수 있는 존재로 살아갈 수 있는 인생인 것을 믿습니다. 오늘 하루도 가장 낮은 곳에서 섬기며 사랑하며 살아가는 하루가 되게 하소서.

여호와의 영이 삼손에게 갑자기 임하시매 사사기 15:14

지난 수요일, 육상대회 때에 한 학생의 어머니와 자녀 교육에 관한 대화를 나누었었다. 그 아이가 그날 이후부터 내가 더 친근하게 느껴서인지, 체육 시간에는 주먹을 내밀며 '하이파이브'를 청한다.

그 어머니와의 대화 중에 그 아이가 '대도서관'을 이야기하며 '유튜브 크리에이터'에 관심이 있다고 말하였다. 그래서 나는 집에 있던 '유튜브 크리이에터'에 관한 책을 가져와서 그 아이에게 선물하였다. 만약 내가 그 책을 받는 아이의 입장이었다면, 기분이 무척 좋았을 것이라는 생각이 들었다. 아무튼, 누군가에게 베풀거나 선물을 한다는 것은 행복한 일임에는 틀림이 없다.

우리는 '말의 홍수' 속에서 살아간다. 말은 날카로운 '검'과 같아서 사람을 죽이기도 하고 살리기도 한다. 사람들이 깊이 생각하지도 않고 내뱉는 말에 어떤 사람은 그것이 원인이 되어서 죽음에까지 내몰리는 경우도 우리 사회에서는 많이 볼 수 있다.

어제는 새벽 기도회에도 가고 금요 기도회에도 갔다. 나는 기도의 시간에 특별히 가족과 이웃들을 위해서 간절히 기도한다. 그런데 막상 일상생활에서 특히 가족들과 안 좋은 일로 부딪히면, 기도할 때의 언어가 나오지 않고 상처를 주는 언어가 나올 때가 종종 있다.

고등학교 때에 친구의 방에 걸려있었던 '삼사일언(三思一言)'이라는 사자성어를 가끔 내 마음에 새긴다. 그래서 가정에서는 기도하는 마음으로 부드러운 언어를 사용하고, 직장과 사회에서는 타인을 쉽게 판단하지 않고 배려하는 마음으로 언어를 사용해야 하리라 다짐해 본다.

어제 금요 기도회에서 '삼손'에 관련된 설교 말씀을 들었다. 삼손이 살고 있었던 시대에 이스라엘 백성들은 블레셋의 통치하에 살고 있었다. 그때에 삼손은 블레셋을 치기 위한 계략으로 블레셋 사람의 딸들 중에 한 여자를 택하여 아내로 맞이했다.

이윽고 아내가 자신을 배신하고 장인은 자신의 아내를 삼손의 친구에게 내어주자 삼손은 블레셋 사람들의 밭을 불사르고 죽이는 복수를 하게 된다. 이에 블레셋 사람들이 유다에 진을 치고 삼손을 내어달라고 요구한다. 그래서 유다 사람들은 삼손을 새 밧줄 둘로 결박하여 블레셋 사람들에게 내어주었다.

그러나 삼손이 '레히'라는 지역에 이르매 여호와의 영이 갑자기 삼손에게 임하시매 그의 팔 위의 밧줄이 불탄 삼과 같이 그의 결박되었던 손에서 떨어진다. 그리고 삼손은 나귀의 새 턱뼈로 블레셋 사람 천 명을 죽인다.

그러나 이러한 싸움 후에 삼손은 너무 지치고 목이 말라 "주께서 주의 종을 통하여 이 큰 구원을 베푸셨으나 내가 이제 목말라 죽어서 할례받지 못한 자들의 손에 떨어지겠나이다."라고 여호와께 부르짖었다. 이에 하나님은 레히에서 한 우묵한 곳을 터뜨리시고 거기서 물이 솟아나자 삼손은 그 물을 마시고 정신이 회복되고 소생하였다.

구약성경의 「사사기」에서 삼손의 삶을 돌아보면, 하나님의 영이 임하실 때마다 삼손은 하나님의 위대한 일들을 감당하는 것을 볼 수가 있다. 하지만 하나님의 일을 행한 후에는 지치고 힘들어하는 모습을 볼 수가 있다.

우리의 인생도 그러한 것 같다. 믿음이 좋을 때는, 모든 것을 할 수 있을 것 같은 자신감으로 충만해 있지만, 그렇지 못할 때는, 성경 속의 '삼손'처럼 절규하는 우리의 모습을 쉽게 볼 수 있다.

이제 나의 신앙이 회복되기 시작하지 두 달이 되어가고 있다. 벌써 신앙 일기를 쓰는 것이 부담도 되고 힘에 부친다. 하지만 하나님의 영이 나에게 임하시고 이 일을 시작하게 한 이도 하나님이신 것만은 의심하지 않는다.

지금까지의 삶의 여정도 하나님의 섭리와 은혜가 있었고, 이후의 삶도 하나님께서 가장 좋은 길로 인도하시리라 믿고 확신한다. 내가 가는 이 길이 좁은 길이겠지만 날마다 나를 부인하고 주님이 내게 주신 십자가를 지고 기쁨으로 가길 원한다.

유튜브에서 '지구촌 교회' 담임목사이신 '진재혁 목사님'이 교회를 사임하고 '아프리카 케냐 선교사'로 가시겠다고 교인들 앞에서 선포하시는 것을 보았다. 어떤 자는 자신의 이익과 영광을 위하여 교회를 도구화시키고 사회에 문제를 일으키는데, 어떤 분은 철저하게 자신의 모든 것을 내려놓고 하나님의 부르심에 순종하는 삶을 사는 것을 보게 된다.

우리는 이 세상에서의 삶이 유한하고 우리가 죽은 이후에는 하나님의 심판대에 선다는 것을 망각해서는 안 될 것이다. 그러므로 이 시대를 본받지 말고 하나님의 기뻐하시고 온전하신 뜻이 무엇인지 분별하여 살아갈 수 있어야 할 것이다.

하나님, 믿음으로 산다는 것이 쉽지 않습니다. 저에게도 삼손에게 주신 샘물을 허락하셔서 다시 회복되어 힘차게 믿음의 발걸음을 내딛게 하여 주옵소서.

나의 믿음 없는 것을 도와주소서 마가복음 9:24

어제 학교에서 같은 반 친구에게 모멸감을 준 두 학생에 대한 처벌 문제로 선도위원회가 열렸다. 그 두 아이가 한 행동과 말을 보면 '어떻게 아이들이 저렇게 할 수 있을까?'라는 생각이 들 정도였다. 같이 있던 선생님들도 그 사건의 내용을 듣고 본 후에 큰 충격을 받았다.

하지만 개인적인 생각으로는 그 학생들을 결코 어른들의 시각으로 판단하고 처벌해서는 안 된다는 생각이 든다. 아무 생각 없이 일을 저지르고 주변 사람들의 반응에 자신의 잘못을 깨닫는 학생들에게 처벌하는 것만이 능사는 아니다.

내 자식을 기르면서 가끔 아이들의 불손한 태도와 말을 경험하게 된다. 하지만 그러한 것이 그 당시에 자녀들이 화가 나서 내뱉은 것이지 결코 진심이 아니라는 것을 알게 되면 이해가 되고 용납이 된다.

사회에서는 죄를 지으면 무조건 처벌이 돼야 한다. 그러나 인간은 보이지 않는 마음으로 죄를 지을 때도 있다. 그때마다 그 죄에 대해 심판하면, 이 세상에서 견뎌 낼 수 있는 이는 많이 없을 것이다.

예수님께서는 인류의 죄를 담당하고자 십자가를 지시고 그 십자가에 못 박히셨다. 인간을 변화시킬 수 있는 것은 강력한 처벌보다는 사랑이라고 생각한다. 십자가의 사랑이 얼마나 많은 죄인을 변화시켰는가를 보면 알 수 있을 것이다.

마가복음 9:14-29절에서는 예수님께서 말 못 하게 귀신 들린 한 아버지가 아들을 고치시는 사건이 나온다. 그는 예수님께 간절히 "내가 믿나이다. 나의 믿음 없는 것을 도와주소서."라는 말을 외치며 도움을 요청한다.

나는 하루를 살며 내가 얼마나 믿음이 없는 사람인지를 자주 깨닫게 된다. 성경이 믿을 수 없는 신화적인 이야기들로만 가득 차 있다는 생각도 할 때도 많다. 앞에 나온 귀신 들렸던 한 아이의 아버지처럼 "나의 믿음 없는 것을 도와주시고 성경 말씀을 깨닫게 하소서."라는 기도를 할 수밖에 없는 것 같다.

그리고 이 사건 속에서 그 아버지는 제자들에게 귀신을 쫓아내 달라고 하였으나, 능히 제자들이 그 일을 감당하지 못한다고 예수님께 고했다. 그러자 예수님은 "기도 외에 다른 것으로는 이런 종류가 나갈 수 없느니라."라고 말씀하셨다.

응답받는 기도는 하나님의 뜻에 합한 기도이다. 그리고 이러한 말씀도 내가 좀 더 기도의 깊은 자리로 나갈 때에 깨닫게 될 것이라 믿는다.

하나님, 며칠 동안 너무나도 고단한 삶을 살았습니다. 육신과 마음에 쉼을 허락하시고 하나님과 깊은 교제가 있는 하루가 되게 하소서.

너희 속사람을 능력으로 강건하게 하시며 에베소서 3:16

인생은 예기치 않는 사건들의 연속이다. 어제 아침은 월요일이라서 그런지 약간은 긴장한 마음으로 학교에 갔다. 여느 때와 같이 교무실에 도착해서 학교 운동장을 바라보았다. 평소와는 달리 학교 운동장에 하얀 가루가 뿌려져 있었고 운동장 표면이 정돈되어 있다는 느낌을 받았다. 이상해서 운동장으로 즉시 내려가 보았다.

그런데 이게 웬일인가? 운동장에 있어야 할 라인 마커가 모두 뽑혀 있고, 50M 트랙이 모두 사라지고 없었다. 이번 주 목요일에 운동회를 앞두고 있었기에 무척이나 화가 났다.

알아보니 업체에서 지난 일요일에 운동장 정지 작업을 했다는 것이었다. 난 당장 업체 사장님과 통화를 했다. "도대체 운동회가 내일모레인데 운동장을 이 모양으로 만들어 놓으면 어떻게 하냐고." 화를 내며 따졌다. 그리고 당장 원상 복귀를 해달라고 요청을 했다.

그러나 그 업체 사장님은 행정실장님에게 운동장 평탄 작업을 하기 위해서는 '라인마커'를 뽑아야만 한다고 이야기하고 작업을 했다는 것이었다. 나는 9시에 회의가 있었기에 일단 알았다고 한 후에 전화를 끊었다.

기획 회의 중에 '운동장 평탄 작업'에 대해 교장 선생님께 말씀드렸더니, 교장 선생님은 다시 업체 사장에게 전화해서 복구를 요청하라고 말씀하셨다. 나는 회의가 끝난 후에 다시 차분한 마음으로 사장님에게 전화해서 "사장님, 서로 간에 착오가 있었고, 그리고 일은 이미 이렇게 되었으니 논쟁을 피하자.”라고 말했다. 그리고 곧 운동회를 해야 하니 사장님께서 다시 복구해 주시면 감사하겠다고 좋게 말했다. 그 사장님도 우리 사정을 이해하셨는지 운동회 전날에 오겠다고 말을 하였다.

어제 아침 일처럼 우리 인생에는 수시로 우리가 미처 예상하지 못한 일들이 발생한다. 그러므로 우리가 그러한 일들을 만날 때에는 당황하지 말고 차분하게 그 일을 직시하고 하나씩 해결해 나가는 지혜가 필요할 것이다. 우리의 인생 중에는 우리에게 닥친 일이 큰 파도처럼 느껴지지만 지나고 보면 하나의 잔물결에 지나지 않는 일들도 많다.

요즘 아내가 가끔 힘든 문제로 나에게 이야기를 할 때 조금 듣다가 짜증을 내는 일이 많았다. 하지만 이제는 하나님의 은혜 가운데에 있어서인지 아내에게 자꾸 문제만 보지 말고 현재에 본인이 할 수 있는 일은 다 한 후 하나님의 손에 맡기라고 권면을 많이 하게 된다.

그리고 지나온 아내의 삶이 힘들었다는 것을 알기에 매일 아내가 하나님 안에서 하나님이 주신 기쁨과 성령의 충만함 가운데에 살 수 있기를 간절히 기도했다.

에베소서 3장 8절에 “모든 성도 중에 지극히 작은 자보다 더 작은 나에게 이 은혜를 주신 것은 측량할 수 없는 그리스도의 풍성함을 이방인에게 전하게 하시고.”라는 말씀이 있다. 사도바울은 사도 중의 사도였지만, 자신을 지극히 작은 자로 생각했다. 그리고 예수그리스도 안에서의 풍성함을 측량할 수조차 없다고 고백하였다.

믿음의 길을 가는 우리 그리스도인들은 하나님의 은혜 없이는 살아갈 수 없는 부족하고 연약한 존재이다. 하지만 에베소서 3장 16절 “그의 영광의 풍성함을 따라 그의 성령으로 말미암아 너희 속사람을 능력으로 강건하게 하시며."라는 말씀처럼 우리는 날마다 기도와 말씀으로 그리고 성령의 도우심으로 믿음의 깊은 자리로 나아가야 할 것이다.

이러한 삶을 살아갈 때 우리의 속사람은 날마다 새로워지고 하나님의 모든 충만하신 것으로 강건해질 것이다. 그리고 하나님이 주시는 성령의 충만함과 은혜로 날마다 세상 가운데에서 빛과 소금의 역할을 잘 감당할 수 있으리라 믿고 확신한다.

하나님, 베드로가 예수님의 말씀에 의지하여 깊은 곳으로 가서 그물을 내린 것처럼 오늘 이 시간 저의 마음을 믿음의 깊은 바다로 던지기를 간절히 원합니다. 여전히 부족한 나이지만 주님만을 바라보기를 원합니다. 주님만이 제 삶의 이유이고 전부임을 고백합니다. 저를 받아주시고 은혜의 바다 가운데에 잠기는 하루가 되게 하소서.

부드러운 혀는 뼈를 꺾느니라 잠언 25:15

어제는 운동회 준비와 토요일에 종합운동장에서 개최되는 '키즈런대회' 참가 준비로 무척 힘들고 마음이 분주했던 날이었다. 그런데 어제 '키즈런대회'에 참가하기로 한 학생이 대회에 참가하지 못한다고 나에게 알려왔다. 나는 다른 학생으로 대체하고자 노력하였으나 다른 참가자를 구하지 못했다.

그래서 마지막으로 교감 선생님의 말씀에 따라 학부모에게 어떤 사유인지 알아보기 위해 전화를 했다. 나는 그 학부모에게 "학부모님의 자녀가 빠지면 다른 일곱 명의 학생들이 참가하지 못합니다."라고 이야기하였다. 그런데 그 학부모는 나에게 그렇게 강압적으로 말씀하시면 어떻게 하냐고 따져 물었다.

나의 의도는 그런 뜻이 아닌데 나는 잠시 당황할 수밖에 없었다. 나는 차분하게 그런 뜻이 아니니 오해하지 말라고 하고 그 학부모의 마음을 누그러뜨렸다. 그러자 그 학부모도 화를 내어서 죄송하다고 내게 말하였다. 그리고 가족 행사 시간을 조절해서 자녀를 참가시키겠다고 말하였다.

사실 다시 확인해 보니 참가하겠다고 그 학부모가 동의서까지 제출하고도 그렇게 말했다는 자체가 기분이 좋지 않았다. 하지만 그 안내장을 보고 그 대회의 성격과 취지를 정확하게 파악도 못 하고 자녀의 말만 듣고 동의서를 제출했을 수도 있었을 것이다.

그리고 나도 수업과 여러 가지 일로 너무 예민해져서 조금은 딱딱하게 이야기해서 상대방이 오해했을 수도 있었을 것이다. 상대방에게 민감한 사안을 이야기 할때에는 좀 더 신중하고 부드럽게 해야겠다는 생각이 들었다.

잠언 25장 15절에 "오래 참으면 관원도 설득할 수 있나니 부드러운 혀는 뼈를 꺾느니라."라는 말씀이 있다. 내가 학부모와의 대화 중에 참지 못하고 화를 내었다면 학부모와의 관계도 나빠지고 일을 그르쳤을 것이다. 하지만 그 순간에 인내하였고 상대방이 이해할 수 있는 말로 나의 진실한 마음을 전달했다.

우리는 사회생활을 하면서 자신의 의도와는 달리 상대방의 오해를 살 때가 종종 있다. 그러할 때는 침착하게 그리고 상대방에 대해 진실한 마음으로 다가간다면 그 오해가 풀리고 관계도 좋아지리라 생각한다.

항상 사람들의 행동 뒤에는 그러할 만한 이유와 배경이 존재하고 있다. 그러므로 우리는 함부로 그 사람에 대해 속단해서는 안 될 것이다. 시간이 지나고 그 사람의 이야기를 들어보면 그 사람이 그렇게 행동하게 된 이유를 이해하게 되곤 한다.

하나님, 쉼 없이 달려왔더니 무척이나 힘들다는 생각이 듭니다. 오늘 하루 저에게 쉼을 허락하시고 마음을 함께할 수 있는 믿음의 친구가 있었으면 합니다. 또한 '한 가족 체육대회'가 하나님의 은혜 가운데 아무 사고 없고 즐겁고 행복한 운동회가 될 수 있도록 함께하여 주시길 기도합니다.

선한 싸움을 싸우고 나의 달려갈
길을 마치고 믿음을 지켰으니 디모데후서4:7

어제는 운동회가 있는 날이어서 아침부터 운동회를 준비하느라 무척이나 분주했다. 이벤트 업체를 불러서 하는 운동회였지만 나는 행사 전체를 책임지고 있었기에 신경이 약간 곤두설 수밖에 없었다.

긴장하고 준비했건만 성화 봉송 주자에게 미리 있어야 할 위치를 이야기해 주지 않아서 개회식부터 당황했다. 그리고 학생들이 늦게 나와서 운동회가 10분 늦게 시작되었다.

2학기 부회장이 사회를 보고, 회장이 개회식 인사를 한 후 개회식을 선포했다. 교장 선생님의 인사 말씀과 국민건강 체조 그리고 마지막으로 운동회를 도우시는 학부모 도우미 어머니와 운동회 진행자가 소개되었다.

운동회가 시작되자 얼마 후 진행자의 소리가 너무 시끄럽다는 민원 전화가 빗발쳤다. 그래서 진행자에게 소리를 줄여달라고 요청했다. 우리 생각엔 '단 하루인데 조금만 이해해 주고 참아줄 수 없을까?' 하는 마음이었지만, 학교 주변에 사는 사람들은 그 소음이 무척이나 견디기 힘들었던 것 같다.

재미있는 학년별 단체경기도 있었다. 그중에 5~6학년 경기였던 '물동이 나르기'가 특히 재미있었다. 날씨가 추웠기에 선생님들이 학생들에게 우비를 입혀서 경기를 진행했다. 선생님들의 학생에 대한 배려와 준비성이 돋보였다.

그리고 유치원 아이들이 뛰는 모습은 너무나도 귀여웠었다. 그 아이들의 모습을 바라보는 부모님과 어른들의 표정에 무한한 애정이 묻어 있음을 느낄 수 있었다.

또한 부모님들도 '복불복 달리기'와 '줄다리기'를 하였다. 오래간만에 뛰어서인지 부모님들은 운동장 바닥에 넘어지고 뒹굴면서도 즐거워하셨다. 날씨가 추워서 조금은 힘겨웠지만, 우리가 준비한 '한가족 놀이마당'에 학생들과 학부모들이 함께 어우러져 즐기는 모습에 그동안의 힘듦이 모두 사라지는 것만 같았다.

그리고 이어달리기 경기에서는 연습했을 때 늘 이기던 팀이 지는 이변이 일어났다. 한 편의 드라마처럼 역전극이 펼쳐져서 보는 이의 탄성을 자아내게 했다. 끝까지 포기하지 않고 달리는 아이들의 모습이 너무나도 씩씩하고 아름다웠다.

디모데후서 4장 7절에 "나는 선한 싸움을 싸우고 나의 달려갈 길을 마치고 믿음을 지켰으니."라는 말씀이 있다. 사도바울은 생애의 마지막 순간에 디모데에게 이러한 말씀으로 권면했다.

인생을 마라톤에 비유하곤 한다. 우리 그리스도인들이 믿음의 경주를 할 때, 항상 우리를 대적하는 악한 세력들과 싸울 수밖에 없다. 그 싸움에서 이기기 위해서는 에베소서 16장 17-18절 말씀처럼 '믿음의 방패'와 '구원의 투구' 그리고 '성령의 검' 곧 '하나님의 말씀'을 가져야만 한다.

나 또한 인생의 마지막 날에 아니 오늘 하루의 삶에도 사도바울과 같이 이러한 믿음의 고백을 할 수 있었으면 한다. 의로우신 재판장이신 하나님께서는 이러한 고백을 하는 모든 자에게 '의의 면류관'을 예비해 놓으셨다.

하나님, 여느 때와 같이 분주하고 평범한 하루를 맞이하였습니다. 오늘 하루 성령 안에서 무시로 기도하게 하시고 믿음으로 승리하는 하루가 되게 하소서.

내일 일을 염려하지 말라 마태복음 6:34

인생은 한고비를 지났다고 생각하면 또 다른 고비가 찾아오기에 인생을 고해(苦海)라고 하는 것 같다. 일상의 삶들이 겉으로 보기에는 평온해 보여도 사람들은 나름대로 어려움을 안고 살아간다.

어제는 월요일이라서 아침에 한 주간의 업무계획을 보면서 교장 선생님과 회의를 했다. 교장 선생님은 지난밤에 학교가 아직 완성되지 않아서 '신설 학교' 학생들을 우리 학교에서 잠시 6개월 정도만 받는 것에 대해서 너무 고민이 되어서 잠을 이루지 못했다고 말씀하셨다.

사실 갈 곳이 없는 학생들을 위해서 우리 학교나 인근 학교에서 그 학생들을 받아주어야 하지만 우리 학교로 봐서는 감당해야 할 부분과 희생해야 할 부분이 적지가 않아서 쉽게 교육청의 요청대로 하기에는 어려운 점이 있다.

이 땅에 사는 많은 이들은 나름대로 자녀 문제, 취업 문제, 그리고 경제적인 문제 등으로 염려하고 걱정하며 살아가고 있다. 하나가 해결되면 또 다른 문제가 또 우리를 기다리고 있다. 그래서 우리의 삶에는 근심과 걱정이 끊이지 않는다.

그래서 어떤 이는 스트레스로 가득 찬 도시 생활을 버리고 고향인 시골로 돌아가는 사람들도 많이 있다. 그리고 남성들은 『나는 자연인이다』라는 TV프로를 동경하며 언제쯤 나도 저렇게 한 번 살아보아야지 하며 그러한 삶을 꿈꾸어 본다.

나의 하루를 돌아보면 새벽부터 일어나서 교회에 가고 돌아와서 글을 쓰고 아침을 준비하고 학교로 출근한다. 학교에 가서 수업하고 정신없이 업무를 본다. 가끔은 예기하지 않은 일들이 생겨서 그 일을 해결하느라 분주하게 하루를 보낸다. 집에 돌아오면 딸의 학업 문제와 진로 문제로 고민하며 저녁 식사 메뉴를 생각해 본다.

이러한 삶의 '고단한 고리'를 끊고 쉬고 싶다는 생각이 든다. 쉬면서 내가 하고 싶은 일만 하고 살았으면 하는 마음이 강하게 든다. 그러면서도 쉽게 그 자리를 박차고 일어나지 못하는 것이 우리네 인생들이다.

마태복음 6장 34절에 "그러므로 내일 일을 위하여 염려하지 말라 내일 일은 내일이 염려할 것이요 한 날의 괴로움은 그날로 족하니라."라는 말씀이 있다.

우리는 일어나지도 않은 일에 대해 미리 걱정하고 염려한다. 그래서 하루를 무척이나 힘들게 보낸다. 하나님은 우리가 내일 일을 염려하며 살아가지 말라고 말씀하신다. 우리가 하나님의 말씀에 순종할 때, 우리의 마음에는 하나님이 주시는 평화가 임하리라 믿는다.

그러므로 우리는 미래의 일어나지도 않은 일에 대해 염려하지 말고, 하나님이 오늘 나에게 주시는 행복과 기쁨에 마음을 두어야 할 것이다. 우리가 하루를 살다 보면 하나님의 말씀보다는 세상의 생각과 염려 속에 자신을 잃어버릴 때가 많다. 그러므로 오늘은 더욱더 하나님의 말씀에 집중하고 하나님만을 바라보는 삶을 살아야 하겠다.

하나님, 오늘은 하나님의 은혜의 날개 아래에 쉼을 누리게 하시고 저에게 주어진 이 삶이 하나님의 축복임을 알고 감사하며 살아가는 하루가 되게 하소서.

참마음과 온전한 믿음으로 하나님께 나아가자 히브리서 10:22

월요일은 누구에게나 그러하듯 나 또한 마음이 분주하다. 새벽 기도회에 다녀와서 신앙 일기 쓰고 아침 준비를 하면 어느새 출근해야 할 시간이 된다. 아이를 양육하는 맞벌이 부부의 아침은 더욱 바쁘고 여유가 없을 것이다. 나 또한 매일의 팽팽한 긴장감 속에서 벗어나 여유를 갖고 싶다는 생각이 절로 든다.

나름대로는 열심히 신앙생활을 한다고 하지만 여전히 나의 마음속에는 세상의 생각들이 나를 지배하려고 할 때가 많다. 그때마다 이겨내려고 하지만 항상 이기는 것은 아니다. 그러나 쓰러질 때마다 나의 죄를 위해 돌아가신 예수의 피를 힘입어 오뚝이처럼 일어나 하나님께 나아간다. 내가 나의 자녀를 포기하지 않듯 하나님께서도 나를 포기하시지 않을 것을 믿기 때문이다.

어제 3교시 6학년 체육 수업 시간이었다. 요즘 6학년 학생들은 선생님들이 기피 대상이다. 왜냐하면, 학생들의 생활지도가 쉽지 않기 때문이다.

한 학급을 두 팀으로 나누어 티볼 경기를 했다. 한 남학생이 배트로 공을 맞히는 것이 아니라 공을 놓는 받침대를 배트로 세게 쳤다. 나는 그 학생을 나무라지 않고 부드러운 목소리로 잠시 불렀다. 그리고 "네가 그렇게 하는 것 보니 스트레스가 많은가 보다."라고 말하자, 그 아이는 "예, 엄마가 나를 '쓰레기'라고 했어요. 그리고 별로 잘못한 것도 없는데 엄마의 스트레스를 나에게 해소해요."라고 대답했다. 그 학생은 부모로부터 몸과 마음에 상처를 입고 있었다. 나중에는 나에게 "죽고 싶다."라는 말까지 스스럼없이 내뱉었다.

나는 수업이 끝난 후 담임에게 즉시 상담 내용을 알려주고 그 학생에게는 수업 정리하는 것을 도와 달라고 한 후에 과자를 주어서 보내었다. 한국의 청소년 자살률이 매우 높다고 방송으로부터 들었다. 내가 사는 주변에서도 학생들이 자살했다는 이야기를 가끔 듣곤 한다. 정말로 가슴 아픈 일이다.

'무엇이 이 아이들을 자살로 내몰고 있을까?'라고 생각해 보았다. 나는 우리 사회의 무관심과 부모의 욕심 때문이라고 생각한다. 부모가 조금이라도 자녀의 편에서 생각해 주고, 우리가 조금만 더 그런 아이에게 관심을 가진다면, 우리 아이들은 쉽게 자살을 선택하지는 않을 것이다.

히브리서 10장 22절에 "우리가 마음에 뿌림을 받아 악한 양심으로부터 벗어나고 몸은 맑은 물로 씻음을 받았으니 참 마음과 온전한 믿음으로 하나님께 나아가자."라는 말씀이 있다. 내가 생각하기에는 참 마음과 온전한 믿음으로 하나님께 나아가는 것도 중요하지만 거기에 앞서 먼저 하나님께 힘써 나아가는 것이 우선이 되어야 할 것이다.

날마다 하나님께 나아감으로 우리의 믿음이 온전해 지리라 생각한다. 말씀 보고 기도하며 하나님을 바라보는 가운데에 우리의 삶은 하나님이 기뻐하시는 삶이 되리라 믿는다. 그러한 믿음의 사람은 공동체를 돌아보며 사랑과 선행을 격려하는 삶을 살아가게 되리라 생각한다.

하나님, 부족하고 연약한 모습이라도 하나님께 날마다 나아가기를 원합니다. 오늘의 삶이 하나님께 향기로운 예배가 되게 하시고, 하나님의 은혜의 바다에서 항해하는 하루가 되게 하소서.

남을 윤택하게 하는 자는 자기도 윤택하여지리라 _{잠언 11:25}

어제는 6학년 졸업앨범 제작을 위하여 교직원 전체 사진 촬영이 있었다. 오래간만에 신경을 써서 양복과 와이셔츠 및 넥타이로 꾸미고 학교로 향했다.

"옷이 날개다."라는 말이 있듯이 아이들이 나의 양복 입은 색다른 모습을 보고 이런저런 말을 하였다. 선생님들은 내가 '교장 선생님' 같다고 놀리기도 하였다. 우리가 마음을 가꾸듯이 때로는 우리의 외모도 단장하고 꾸밀 필요가 있다는 생각이 들었다.

1교시에 업무를 보고 있는데 6학년 학생들이 나에게 찾아와서 넥타이를 매달라고 요청을 했다. 내가 넥타이를 매어주기 시작하자, 전에 나와 상담을 했던 학생이 "선생님, 바쁘신데 번거롭게 해서 죄송해요!"라는 말을 했다. 그때만 해도 약간 버릇이 없다고 생각을 했는데, 이렇게 상대방을 배려하고 감사하는 말을 한다는 것이 무척이나 대견했다.

6학년이 졸업앨범 사진을 찍느라 6학년 체육 수업이 5, 6교시로 변경되었다. 6학년 학생들은 다루기에 쉽지가 않다. 1학기에도 수업을 하다 보면 학생들이 수업에 대하여 불평하고 때로는 분위기를 안 좋은 쪽으로 선동하는 학생들 때문에 수업이 엉망이 될 때도 있었다. 그래서 그런 학생들만 개인적으로 상담을 하고 문제를 해결하기 위해 노력한 적도 있다.

그런데 학생들이 피구 게임을 하는 도중에 남학생 2명이 보이지 않아서 찾아보니 조회대 아래에 숨어서 다정히 이야기를 나누고 있었다. 그 아이들은 1학기에 나를 힘들게 했던 아이들이었다. 하지만 개인적으로 만나서 상담을 할 때는 순진무구하고 너무나도 착한 아이들이었다.

그 학생 중에 1명은 내가 2년 전에 과학 전담을 하며 가르친 학생의 동생이었다. 그 아이는 그때는 형에게서 과학 수업이 너무 재미있었다는 이야기를 듣고 기대를 했는데, 올해에는 왜 선생님이 과학을 가르치지 않느냐는 말을 했다. 그때를 떠올려 보면 나도 열정적으로 수업을 준비했고 학생들도 무척이나 과학수업 시간을 기다리며 즐거워했다.

그리고 6교시가 국어 수업인데 들어가기가 싫다며 "선생님, 다리 하나를 부러뜨려 주세요."하며 장난스럽게 자신의 한쪽 다리를 나뭇가지로 계속 때렸다. 참으로 우스꽝스럽기도 하고 어이가 없었다. 또한, 자신들은 '유튜브 1인 방송'에 관심이 많으며 그 일을 하면 돈을 많이 번다는 이야기도 하였다.

아이들의 이야기를 들으면서 아이들은 거짓이 없고 해맑다고 생각했다. 그리고 교사가 조금이라도 나태하고 불친절하면 벌써 속으로 다 판단하며 불평하는 마음을 갖게 된다는 것을 다시금 알게 되었다. 짧은 대화였지만 두 학생과 가까워졌고 두 아이의 마음을 알 수 있어서 나에게는 유익한 시간이었다.

잠언 11장 25절에 "구제를 좋아하는 자는 풍족하여질 것이요 남을 윤택하게 하는 자는 자기도 윤택하여지느니라."라는 말씀이 있다. 나는 항상 수업할 때, 학생들의 마음을 살핀다. 그리고 소외되고 겉도는 학생들에게는 더욱 마음이 간다. 그들의 힘들고 아픈 상처들을 감싸주고 치료해 주고 싶은 생각에 예수님이 나에게 하신 것처럼 그들에게 다가가 말을 건네고 함께한다. 우리가 윤택한 삶을 누리기 위해서는 자신만을 위한 삶이 아니라, 이웃을 위해 자신의 것을 아낌없이 내어놓을 때 누리게 된다고 생각한다. 그것이 물질이 될 수도 있고 우리의 따뜻한 마음일 수도 있을 것이다.

하나님, 예수님이 나의 삶에 찾아오셔서 나의 삶을 윤택하게 하여 주신 것처럼, 저 또한 외롭고 쓸쓸한 사람들의 삶에 찾아가 예수님의 사랑을 실천하는 삶을 살아가게 하소서.

그런즉 누구든지 그리스도 안에
있으면 새로운 피조물이라 고린도후서 5:17

어제는 아침부터 비가 내렸다. 딸의 등교가 약간 걱정이 되어서 딸을 기다렸다가 학교에 데려다주고 출근을 했다. 1~2교시 수업이 없어서 약간은 여유가 있었지만 하는 것 없이 시간이 지나가 버렸다.

3~4교시에는 3학년 체육 수업을 체육실에서 했다. 3학년은 학급 당 학생 수가 14명이라 아이들이 체육 시간이면 무척이나 자유로운 영혼이 되어서 날뛴다. 인성 관련 직무연수를 들으면서 아이들에게도 어느 정도의 규율은 필요하다 생각했다.

그래서 칠판에 '체육 수업 규칙'을 적어놓고 학급 및 사회에서 규칙을 지켜야 할 필요성을 이야기해 주었다. 아이들은 예전의 모습과는 달리 진지하게 들었다. 이제는 즐겁고 재미있는 체육 수업도 해야겠지만, 아이들의 인성에도 관심을 가지고 올바른 사회인으로 성장할 수 있도록 가르쳐야 하겠다.

사람들이 살아가는 사회에는 항상 오해와 편견이 있다. 서로에 대한 존경과 사랑이 없기에 사소한 일에도 오해가 생기고 서로 힘들어하게 된다. 모든 일을 자신이 맡아서 해야 할 필요는 없겠지만 지혜롭게 하여 원만한 관계를 이루어 가는 것이 필요할 것이다.

퇴근하는 길에 청소 담당 여사님이 나를 불러서 상담을 요청했다. 그분의 요지는 나름대로 청소를 열심히 하는데 여기저기에서 청소가 안 되었다고 이야기한다는 것이었다. 학교가 오기 싫고 그만두고 싶다는 생각까지 든다고 나에게 호소를 하셨다. 나는 이 일을 교장 선생님께 말씀드리고 나름대로 해결방안을 마련해 보겠노라고 말씀드렸다.

지금까지의 내 삶을 돌아보면 항상 다른 일에 마음을 뺏기어 다른 사람을 돌아보는 여유를 갖지 못하며 살아왔다. 전 학교에서 연구부장을 할 때도 같은 직장 동료들로부터 그렇게 인정받지는 못했었다.

그러나 내가 하나님의 은혜를 깨닫기 시작하면서 나의 삶은 점진적으로 변하여 갔다. 내가 맡아서 가르치는 아이들의 삶을 살피고 업무적인 부분에서도 직장 동료들의 업무를 돕게 되었다. 매일 내가 근무하는 학교의 교직원들을 위해서 기도하기에 그분들을 섬기며 사랑할 수밖에 없게 되었다. 조금 부족하고 나와 안 맞다 하여도 그분들이 '사랑과 섬김의 대상'이지 '미움의 대상'은 아니기 때문이다.

고린도후서 5장 17절에 "그런즉 누구든지 그리스도 안에 있으면 새로운 피조물이라 이전 것은 지나갔으니 보라 새것이 되었도다."라는 말씀이 있다. 정녕 우리가 그리스도 안에 있다면 우리의 말과 행동은 그리스도인답게 바뀌어야 할 것이다.

하나님, 기도하는 이 시간에도 값없이 주시는 하나님의 은혜와 사랑을 느낍니다. 누구도 내가 지금까지 걸어온 힘든 삶의 여정을 이해하지는 못해도 하나님께서는 나의 아픔과 소망을 아십니다. 사망의 음침한 골짜기를 다니고 있는 나를 외면하지 않으시고 찾아오셔서 손잡아 주시고 회복의 자리로 인도하신 하나님 감사합니다.

주님 안에서 새로운 피조물로 태어나서 '예전의 나'가 아닌 '예수그리스도의 피'로 덧입혀진 '새로운 나'로 오늘 하루도 살아가게 하소서.

하나님이 하시는 일의 시종 _{전도서 3:11}

그저께 밤부터 컨디션이 엉망이다. 너무 피곤하고 머리도 아프고 짜증이 났다. 급기야 밤에는 딸에게 스마트폰을 지나치게 많이 사용한다고 화를 내며 스마트폰을 빼앗았다. 큰 소리로 화내고 나니 기분이 더 나빴다.

요즘 내가 많이도 힘든 것 같다. 60시간 직무연수를 하루에 다섯 강의를 듣는 것이 나를 힘들게 하는 가장 큰 원인인 것 같다. 딸의 진로 문제, 집안일 그리고 학교 일 등 머리를 아프게 하는 일들도 많다. 마음도 신앙을 회복하던 처음보다는 산만하고 여러 가지 생각들이 많아서 안정이 잘되지 않는다.

어제는 아침부터 예상하지 못한 일이 발생해서 마음이 힘들었다. 때때로 나에게 일어나는 일들이 도저히 이해가 안 될 때가 있다. 지구촌을 돌아보고 내 이웃을 돌아보면 가슴 아픈 사건들도 많고 이해할 수 없는 일들로 가득 차 있는 것을 볼 수가 있다.

전도서 3장 11절에 "하나님이 모든 것을 지으시되 때를 따라 아름답게 하셨고 또 사람들에게 영원을 사모하는 마음을 주셨도다. 그러나 하나님이 하시는 일의 시종을 사람으로 측량할 수 없게 하셨도다."라는 말씀이 있다.

체육 시간에 늘 겉돌던 4학년 남학생이 어제는 반 친구들과 어울려 열심히 축구를 했다. 심지어 좋은 플레이까지 보여주어서, 잘한다는 칭찬을 아끼지 아니했다. 오래간만에 자신 있게 수업에 참여하는 모습을 보니 마음이 너무나도 흐뭇했다. 나에게 배우는 학생들이 나의 작은 배려와 친절에 마음이 치유를 받고 건강한 삶을 살아갔으면 한다.

또 다른 학급의 한 학생은 자기는 피구를 하고 싶고 축구를 하기 싫다고 하며 나와서 스탠드에 앉아 있었다. 나는 "왜, 그러니?" 하고 물어보았다. 자기는 축구 하는 것이 싫고 공을 가지고 있으면 친구가 공을 빼앗는다고 말했다.

나는 어처구니가 없었지만 잠시 기다려 주기로 했다. 잠시 후 지루해서인지 다시 나와서 수업에 참여하기 시작했다. 참여 안 한다고 아이를 혼내지 않고 조금은 기다려 줄 필요도 있다는 것을 깨닫게 된 시간이었다.

저녁 무렵 딸이 수학학원 수업을 끝내고 돌아올 시간에 오지를 않아 걱정했다. 혹시 '어젯밤에 내가 큰 소리로 화내고 스마트폰을 빼앗아서 기분이 나빠서 안 들어오나?' 하는 걱정도 들었다.

잠시 후 스마트폰을 보니 학원에서 전화가 왔다는 것을 알게 되어 학원으로 전화를 했다. 딸이 스마트폰이 없어서 학원 전화로 내게 전화를 했던 것이었다. 딸은 "학원에서 좀 더 공부하고 오겠습니다."라고 말하고 전화를 끊었다. 그런 줄도 모르고 나는 저녁 내내 힘든 시간을 보내고 있었던 것이었다.

10시 정도에 딸이 돌아와서 딸과 함께 스마트폰 사용과 진로 문제와 관련해 이런저런 이야기를 나누었다. 물론 평소에 딸과 대화는 나누지만, 스마트폰을 사용하지 않아서인지 더 많은 대화를 나누게 되었다. 우리 자녀들에게 스마트폰이 미치는 영향이 지대하다는 것을, 다시 한번 깨닫는 순간이었다. 그래서 자율적으로 안 된다면 타율적으로라도 스마트폰 사용을 조절해 주어야겠다고 생각했다.

하나님, 인생의 힘든 고비마다 하나님의 은혜로 극복해 나가고 피할 길을 주심에 감사와 찬양을 드립니다. 하나님의 선물이 "먹고 마시는 것과 수고함으로 낙을 누리는 것이라."라는 잠언 3장 13절에 있는 말씀처럼 하나님 안에서 기뻐하며 복을 누릴 수 있는 날이 되기를 기도합니다.

자기의 마음을 다스리는 자는 잠언 17:32

거리를 걷다가, 바람에 의해 노랑 은행잎들이 마치 비가 오는 것처럼 흩날리며 떨어지는 것을 보았다. 마치 나무와 바람의 움직임들이 차디찬 겨울을 재촉하는 듯만 했다.

1교시 수업 후에 가끔 상담하는 6학년 학생인○○를 교무실로 불렀다. 요즈음 가정생활이 어떠한지 물어보았더니 ○○는 오늘 아침에도 동생 때문에 함께 혼이 났다고 하였다. 그리고 엄마에 대한 불평을 쏟아 놓았다. ○○의 말로는 엄마는 자신에게 일정한 기준을 세워놓고 그것을 어길 시에는 혼이 나고 맞는 것을 당연시하면서 정작 엄마가 잘못했을 때는 "미안하다."라는 말만 하고 끝낸다는 것이었다.

그 이야기를 듣는 순간, 가정에서 부모가 본이 되지 못하면 자녀에게 좋은 영향력을 줄 수가 없다는 것을 다시 한번 깨닫게 되었다. 그리고 그 아이의 이야기를 듣고 담임도 아닌 내가 개입하기도 멋쩍어서 마음만 안타까웠다. 상담을 끝낸 후에 내가 그 형제를 위해 준비해둔 과자를 동생과 같이 먹으라고 주었다.

점심 식사 후 오후가 되니 업무가 폭주하였다. 내일 학교 행사 준비뿐만 아니라 전화도 여기저기서 오고 없던 학교폭력 관련 일도 생겨서 마음이 무척이나 분주했다. 너무나 정신이 없던 나머지 학교폭력 사안으로 아내에게 도움을 요청하는 도중에 마음이 경직되어서 짜증을 부리기도 했다. 나중에는 아내에게 "미안합니다."라는 말을 전했다. 마음을 다스리며 모든 이에게 친절하게 대하고 싶지만, 인간인지라 그렇지 못할 때가 더 많은 것 같다.

이 세상에 사는 모든 사람은 사랑받고 인정받기를 원한다. 나 또한 내가 하는 일을 통해 사람들로부터 사랑받고 인정받기를 원한다. 우리가 주위의 이웃들에게 하는 작은 사랑과 인정의 행위와 언어들이 우리의 삶을 풍요롭게 하고 살찌우기에 힘써 그 일을 해야 할 것이다.

잠언 17장 32절에 "노하기를 더디 하는 자는 용사보다 낫고 자기의 마음을 다스리는 자는 성을 빼앗는 자보다 나으니라."라는 말씀이 있다. 자녀에게 여과 없이 화를 내는 부모, 그리고 사소한 일에도 화를 내는 학생들과 나 자신의 모습을 보며 자기의 마음을 다스린다는 것이 쉬운 일은 아님을 절실하게 깨닫는다.

하지만 분노와 마음을 다스리지 못한 결과는 이웃의 마음에 상처를 주고 우리의 관계를 망가뜨리며 결국에는 삶을 불행하게 만든다. 그러하기에 날마다 자신의 모습을 돌아보고 부족한 모습을 하나님 앞에 내어놓고 좋은 성품으로 변화되기를 기도해야 할 것이다.

하나님, 날마다 깨어 기도하기가 쉽지 않음을 고백합니다. 하나님께서 오늘도 부족한 저를 붙드시고 선한 말과 행동으로 내가 만나는 사람들의 삶을 윤택하게 할 수 있도록 인도하여 주소서.

너희가 전에는 어둠이더니
이제는 주 안에서 빛이라 에베소서 5:8

지금이 겨울이라는 것을 잊게 하는 따사로운 햇살이 주위를 비추고 있다. 겨울도 이쯤에서 발걸음을 멈추고 쉬어가려고 하는 듯하다.

어제는 중국 베이징에 있는 유소년 축구단 17명과 관계자들 10명이 우리 학교를 방문했다. 그들은 잠시 우리 학교를 방문하는 것이지만, 학교에서는 프로그램과 수업도 준비해야 했기에 참으로 부담스러운 일이었다.

학교에 관리자가 아무도 없었기에 그들이 학교에 도착하자 내가 나서서 학교 안내를 하고 학교에서 준비한 프로그램을 실행했다. 먼저 학교의 특별실들을 보여주다가 음악실에서 장구를 쳐주자 중국 학생들도 따라서 장구를 치면서 즐거워하였다.

3교시에는 우리 6학년과 중국 학생들이 축구 시합을 하였는데 우리가 숫자를 많게 했음에도, 그들은 선수였기에 상대가 되지 않았다. 선수가 아닌 우리 아이들은 몰려다니면서 실속이 없는 공을 찼고 노련한 중국 축구선수들은 우리 아이들을 데리고 노는 듯했다.

4교시에는 우리 학생들과 함께 딱지를 만들어 '딱지치기놀이'를 하였다. 그리고 곧 6학년 교실에서 학교 급식으로 식사를 하고 기다리고 있던 버스에 오르게 되었다. 짧은 시간이었지만 두 나라의 학생들은 친해졌고 버스가 출발할 때까지 인사와 악수도 하였다. 드디어 중국 친구들을 태운 버스가 떠나자 손을 흔들며 못내 아쉬워했다. 나에게는 귀찮은 일이기도 했지만 "너무 잘 준비해 주셔서 감사합니다."라는 그들의 말에 그동안의 피로가 모두 날아가는 듯했다.

오후에는 △△지구에 속한 지역아동센터와 학교의 돌봄 담당 교사가 함께하는 협의회가 있었다. 작년까지는 협의 후에 식사도 하고 매우 분위기가 좋았는데, 올해는 담당자가 약간 소홀히 하는 듯해서 협의회에 참석한 모두가 한마디씩 불평을 했다.

묵묵히 소외된 아이들을 위해 헌신하는 아동센터 관계자분들도, 식사를 나누면서 나누는 이야기 속에 위로와 치유가 필요한데 그러한 시간을 갖지 못해서 아쉬운 마음이 들었다.

저녁에는 아내가 닭볶음탕이 먹고 싶다고 해서 하나로 마트에서 장을 보고 집에 와서 『알토란』이라는 요리 방송에서 본대로 요리를 하기 시작했다. 그런데 닭을 소금과 설탕에 재어야 하고 양념과 육수도 만들어야 하는 등의 요리를 만드는 절차가 간단하지 않았다.

특히 '마늘 기름'을 만들려고 식용유는 넣지 않고 마늘만 계속 볶았더니 타기만 하고 아무런 기름이 나오지 않아서 무척이나 힘들었다. 그나마 그 순간에 아내가 집에 도착해서 요리를 도와주어 완성할 수가 있었다. 요리하는 것이 힘은 들지만, 가족들이 나의 수고를 통해서 맛있게 먹는 모습을 보면 피곤함도 이길 수 있는 것 같다.

식사 후에 아내와 함께 금요 기도회에 참석하기 위해 교회로 향했다. 비록 교회는 멀지만, 아내와 차를 타고 가면서 여러 가지 이야기를 나누는 것이 우리 부부에게는 참으로 소중한 순간이다.

아내와 대화하면서 옛날과 달라진 것이 있다면 전에는 건성으로 들었다면 지금은 아내의 말을 경청하고 공감한다는 것이다. 그러함에 아내도 요즘은 나와 살아가는 삶에 무척이나 만족하는 듯하다. 내가 글을 쓰는 이 순간에도 아내는 피아노로 찬양을 연주하고 있다. 지나간 삶과 지금의 삶을 비교해 보면 감사할 일뿐이다. 하나님은 먼저 나를 변화시켜 주시고, 그리고 내 가정도 변화시키고자 하신다.

금요 기도회에서 목사님이 에베소서 5장 1-14절 말씀으로 설교를 하셨다. 에베소서 5장 8절에 "너희가 전에는 어둠이더니 이제는 주 안에서 빛이라 빛의 자녀들처럼 행하라."라는 말씀이 있다. 목사님이 하나님을 믿는 그리스도인들은 "밤의 문화가 달라져야 한다."라는 말씀을 하셨다. 그러시면서 꾸준한 새벽 기도와 가정 예배 등을 말씀하셨다.

문화라는 것은 우리 삶의 모든 영역을 말한다. 나의 삶을 돌아보면 몇 개월 만에 너무나도 많이 변한 것 같다. 새벽 기도회에 가고 신앙 일기를 쓰며 세상의 문화를 즐기기보다는 그리스도인의 문화를 즐기는 나의 모습에 심지어 나도 적응이 안 될 때가 있다.

에베소서 5장 2절에 "그리스도께서 너희를 사랑하신 것 같이 너희도 사랑 가운데서 행하라 그는 우리를 위하여 자신을 버리사 향기로운 제물과 희생 제물로 하나님께 드리셨느니라."라는 말씀이 있다. 예수님의 사랑은 우리가 행하는 편협하고 이기적인 사랑이 아니다. 예수님이 보여주신 그 사랑이 나에게는 너무나도 크기에 나의 이웃을 사랑하지 않을 수가 없다.

하나님, 하나님 앞에 늘 부족한 인생임을 고백합니다. 내가 어둠 속에 홀로 헤매일 때도 하나님은 함께 계셨고, 내가 애통할 때도 하나님께서는 함께하셨음을 믿습니다. 저의 삶이 비록 초라하지만, 하나님의 손에 붙들리어 귀하게 쓰임 받을 줄을 믿음으로 고백합니다.

내가 너희를 쉬게 하리라 마태복음 11:28

벌써 1년이라는 세월이 지나고 수능일이 다가왔다. 지난해 이 시기에는 교문 밖에서 아들의 시험이 끝나기를 기다리며 옷깃을 여민 채 추위에 떨고 있었다.

어제는 뜻깊은 날이었다. 만나보기를 기다리고 있던 ○○가 엄마와 함께 나를 보기 위해서 체육실로 찾아온 것이었다. 나는 ○○를 따뜻하게 안아주며 "그동안 잘 지냈니?"라는 인사말과 함께 안부를 물었다. ○○는 약간 살이 찐듯했고 표정은 밝고 부드러워 보였다.

나의 바람은 ○○가 학교생활에 잘 적응해서 훌륭한 인물로 성장했으면 한다. ○○의 부모 외에는 ○○를 아는 주변의 사람들은 그 아이에 대해 부정적인 마음을 갖고 있겠지만, 나는 결코 ○○의 앞날에 대해 부정적으로 생각하지 않는다. '한 아이도 포기하지 않는다.'라는 교육의 캐치프레이즈처럼 나 또한 ○○를 포기하지 않고 최선을 다해서 ○○를 돌보고 그의 밝은 앞날을 응원할 것이다.

오후에는 시청각실에서 '놀이 교육 연수'가 있었다. 서두에 놀이 교육 강사는 자신의 두 자녀를 놀이로 키웠으며 그 덕에 자녀들이 훌륭하게 자랄 수 있었다고 자랑을 하였다.

나도 학생들과 교감을 많이 하기에 강의 내용에 공감이 되었다. 또한, 아이들에게 작은 것이지만 놀이를 통해서 '성공'의 경험을 많이 해주는 것의 중요성을 깨닫게 되었다.

가끔 아내가 힘들 때면 나에게 푸념을 할 때가 있다. 예전에는 그것들이 듣기 싫었고 외면하고 싶었다. 그러나 아내가 자신의 말에 경청해 주고 공감해 주기를 바란다는 것을 알게 된 이후에는, 아내의 주파수에 나를 맞추고자 노력한다.

아내는 전과는 너무나도 다른 나의 이런 모습이 적응이 안 될 때가 많은 것 같다. 나 또한 내가 이렇게 살아가는 것이 낯설어질 때가 있다. 얼마 전만 해도 나는 '신뢰받지 못하는 남편'이었는데 지금은 '신뢰해도 될 만한 남편'으로 변하고 있다. 완벽한 인격의 사람은 있을 수 없다고 생각한다. 다만 날마다 자신의 모습을 돌아보며 부족한 부분을 고쳐나갈 뿐이다.

마태복음 11장 28절에 "수고하고 무거운 짐 진 자들아 다 내게로 오라 내가 너희를 쉬게 하리라."라는 말씀이 있다. 사람들은 각자 인생의 무거운 짐들이 있다. 그리고 그 짐들을 자신이 지고 인생을 살아간다. 심지어 교회를 다니는 사람들도 예수님께 그 짐을 맡기지 못하고 힘든 인생을 살아간다.

고단하고 힘든 인생을 살아가는 우리에게 예수님은 자신에게 나아오면 쉬게 해주신다고 약속의 말씀을 하신다. "하나님의 미련함이 인간의 지혜보다 낫다."라는 말씀이 있듯이, 인생의 어렵고 힘든 문제를 자신이 안고 있지 말고 하나님께 가지고 나아가야 할 것이다.

하나님, 어느덧 새벽에 일어나고 신앙 일기를 쓰는 것이 일상이 되었습니다. 반복되는 생활 속에서 날마다 인격적으로 하나님을 만나고 새로운 하나님의 은혜를 체험할 수 있도록 붙들어 주소서.

너의 힘으로 이스라엘을 미디안의 손에서 구원하라 _{사사기 6:14}

붉게 타오르는 태양이 베란다의 창을 통해 거실을 비추어 눈을 뜨게 되었다. 거실의 차가운 기운과 함께 '군중 속의 고독'이라는 말이 생각이 났다. 사람들은 자신이 보여주는 말과 행동이 모두가 아님에도 단 하나의 몸짓과 언어에 쉽게 자신을 판단하는 타인으로 인해 상처를 받는다. 나 또한 인생을 살다 보면 나의 진심을 알아주는 사람이 하나님 외에는 없다는 생각을 하곤 한다. 그래서 인간은 항상 '고독'이라는 벗과 인생의 여정을 걸어가게 된다.

방과 후에 ○○의 담임선생님 교실을 방문하게 되었다. 나는 "○○가 많이 좋은 쪽으로 변하지 않았느냐?"는 질문을 했다. 그 담임은 "가장 안 좋았던 관계의 친구와는 매우 좋아졌고 학급에서 말썽이 덜하다."라고 답하였다. 덧붙여 ○○가 "과학과 영어 전담 시간에는 가지 않고 체육 전담 시간에만 갑니다."라는 말을 했다.

나는 ○○의 반응이 당연하다고 생각했다. 나는 체육 시간에 ○○가 오면 먼저 환영해 주고 ○○를 최대한 배려해 준다. 그리고 다른 선생님이 주지 않는 관심과 애정을 쏟고 부모님과 같은 심정으로 그의 마음을 헤아려 준다. 그리고 한 번은 ○○를 위하여 ○○가 원하는 선물을 주기도 하였다.

『당신은 사랑받기 위해 태어난 사람』이라는 노래도 있듯이, 내가 이렇게 부족함에도 하나님의 사랑을 받듯이, 우리 아이들도 비록 부족하고 말썽을 피워도 사랑받는 존재로 살아가야 한다. 왜냐하면, 그 사랑이 그 아이의 삶을 일깨우고 변화시킬 수 있기 때문이다.

오후 3시에는 6학년 1반 남자아이들과 약속한 컵라면을 끓여 주기 위해 체육실에 갔다. 1학기 때에는 그 아이들의 불손한 태도에 너무 마음이 상했고 미워했던 마음도 있었지만, 인내하며 아이들과 함께하는 시간을 통해서 지금은 너무나도 가까워지게 되었다.

아이들은 내가 준비한 컵라면을 받고 환호성까지 지르며 기뻐하고 즐거워했다. 아이들의 모습을 보며 내게는 별거 아니지만, 아이들에게는 추억으로 남을 수 있는 소중한 시간이겠다는 생각을 하게 되었다.

저녁 시간에는 자녀들을 위하여 식사를 준비해 주고 아내와 함께 금요 기도회에 가기 위해 차에 올랐다. 문득 목사님이 계시지 않는 교회를 생각하면 가고 싶지 않을 것 같다는 생각이 들었다. 아내도 많이 의지하던 목사님이 떠나시는 것으로 인해 많이 힘들어하는 것 같다. 어떠한 이유든지 남겨진 사람의 마음에는 약간의 생채기는 생기는 것 같다.

목사님이 금요 기도회 설교를 하시지는 않았지만 나름 은혜로운 말씀이었다. 약간의 기도 시간을 가진 이후에 한 권사님과 신앙과 삶을 나누었다. 이야기 도중에 아내가 나와서 아쉬움을 남긴 채 집으로 돌아왔다. 나는 신실한 분들과 삶을 나누는 것이 너무나도 좋다.

사사기 6장 14-15절에 "여호와께서 그를 향하여 이르시되 너는 가서 너의 힘으로 이스라엘을 미디안의 손에서 구원하라 내가 너를 보낸 것이 아니냐 하시니라. 그러나 기드온이 그에게 대답하되 오 주여, 내가 무엇으로 이스라엘을 구원하리이까 보소서 나의 집은 므낫세 중에 극히 약하고 나는 내 아버지 집에서 가장 작은 자니이다 하니."

요아스의 아들 기드온은 대단한 사회적 배경을 가진 인물은 아니다. 그는 자신을 아주 보잘것없는 존재로 생각했고, 의심도 많아서 신약시대의 '도마'처럼 하나님을 시험하고 표적을 구하는 그런 사람이었다.

　그러한 인물에게 하나님은 "너는 가서 너의 힘으로 이스라엘을 미디안의 손에서 구원하라."라고 명령하셨다. 그리고 그의 '표적을 구하는 모든 기도'에 하나님은 정확하게 응답하셨다. 왜냐하면, 하나님이 그를 '이스라엘의 사사'로 택하고자 하셨기 때문이다.

　이 말씀을 통해서 다시 한번 '하나님의 부르심'은 무척이나 중요하다는 생각을 하게 되었다. 30대 초반에 나도 새로운 도전을 위해 학교에 사표를 낸 적이 있다. 하지만 도전했던 일이 폭삭 망해서 무척이나 우울한 시간을 보낸 적이 있다.

　그때 한 목사님을 만나서 기도를 받게 되었는데, 나 보고 신학대학원을 가라고 하시는 것이었다. 나는 나의 믿음이 그럴 정도도 되지 않고, 직접적인 하나님의 부르심이 없었기에 그 길을 가지 않았다.

　가끔 내가 만나는 사람들에게 '신앙 일기'를 받아보겠냐고 제의를 할 때 거절을 받을 때가 있다. 가끔은 거절당했다는 부끄러움에 '왜 내가 그런 제의를 했을까?' 하는 후회를 하기도 한다. 그러나 생각해 보면 주님은 십자가 위에서 나를 위해 온갖 모욕과 멸시를 당하였음에도 기쁨으로 그 일을 감당하셨는데, 그깟 일로 자존심 상해하는 것은 참으로 부끄러운 일이다.

　구약의 '사사 시대'처럼 한국 사회는 정치 경제적으로 혼란스럽고 절대적 가치관이 무너진 어려운 시기를 지나가고 있다. 이러한 시기에 하나님은 '기드온' 같은 용사를 찾으시고 있다. 부족하지만 하나님이 부르시면 기쁘게 순종하며 하나님의 부르심에 합당한 삶을 살아가고 싶다.

　누구보다도 나를 잘 아시는 하나님, 나의 나 됨은 온전히 하나님의 은혜입니다. 내가 서 있는 어느 곳에서나 하나님만 바라보는 삶을 살아가게 하소서. 나는 지극히 보잘것없고 작은 자이지만 하나님의 영이 임하여서 내가 변화되고 가정이 변화되며 이 나라와 민족을 변화시키는 삶을 살아가게 하소서.

4부   신앙의 열매를 맺게 하시는 하나님

네 믿음의 교제가 우리 가운데
있는 선을 알게 하고 빌레몬서 1:6

추석 연휴가 지나고 다시 학교에 나가 업무를 처리하고 학생들을 맞이했다. 어른들과는 달리 학생들의 표정은 항상 밝고 활기가 넘친다. 교사로서 살아간다는 것이 쉽지는 않지만, 항상 행복으로 미소 짓는 아이들과 함께한다는 것은 큰 축복이다.

그런데 6학년 체육 시간에 한 아이가 수업을 시작할 때, 부정적인 소리로 내 마음을 상하게 하고 수업 분위기를 흐렸다. 그 아이만 한 것은 아니지만 눈에 뜨여서 학습 분위기를 전환하기 위한 차원에서 그 아이만 혼을 내었다.

수업이 끝난 후 쉬는 시간에 그 아이를 불러서 조금은 타이르면서 그 아이의 의견도 경청하였다. 둘이서 나름의 해결 방법을 이야기하고 손에 초코파이 하나를 쥐어 주고 교실로 돌려보내었다.

아이들이 가끔 나를 불쾌하게 하지만 아이들을 단 한 번도 미워해 본 적은 없다. 그런 일이 생길 때마다 자신을 돌아보고 또한 아이의 말도 경청해서 해결하고자 노력했다. 왜냐하면, 나도 완벽한 인간은 아니기 때문이다. 그리고 교직 생활 가운데에 항상 아이들을 사랑하는 마음으로 대했기 때문에 문제가 되는 일은 별로 없었다.

새벽 기도를 마치고 집에 돌아와서 펼쳐진 신문 속에서 「인도네시아의 강진 대참사」라는 기사를 접하게 되었다. 지난 8월의 지진과 9월 28일의 쓰나미로 인해 많은 사람이 사망하고 수십만 명의 이재민이 발생

했다는 기사였다.

하지만 너무나도 빈번하게 이러한 기사를 접하고 또한 직접 내가 당한 것이 아니라서 그런지 기사를 읽고서도 아무런 느낌도 나에게 와닿지는 않았다. 내가 할 수 있는 일은 다만 이러한 피해가 빨리 복구되기만을 바랄 뿐이었다.

성경으로 돌아와서 '빌레몬서'는 바울이 '빌레몬'에게 보내는 애정이 듬뿍 담긴 개인적인 편지이다. 1절에서 '우리의 사랑을 받는 자요 동역자인 빌레몬'이라는 글귀를 보면 바울이 얼마나 그를 아꼈는지를 알 수가 있다.

편지의 내용을 살펴보면 빌레몬이 교회 성도들을 사랑하고, 성도들이 그로 인해 마음의 평안함을 얻었다고 한다. 또한, 그가 성도들을 그리스도께로 이끄는 믿음의 교제에 대한 소식을 전해 듣고 바울은 많은 기쁨과 위로를 받았다.

나 또한 교회와 내가 살아가는 사회 속에서 '빌레몬과 같은 삶'을 살아가고 싶다. 나의 자그마한 섬김과 사랑으로 인하여 내 주위의 사람들이 행복해졌으면 한다.

하나님, 저에게 오늘 아침에 사랑하고 섬기는 기쁨을 알게 하시니 감사합니다. 오늘 하루 하나님께서 저에게 주신 그 사랑을 가지고 내 이웃과 내 가정을 돌아보는 삶을 살게 하소서.

그가 전에는 네게 무익하였으나 빌레몬서 1:11

 지난 토요일에는 5, 6학년 학부모 두 분 그리고 육상 코치와 함께 5, 6학년 학생들 16명을 인솔하여 '키즈런 페스티발'에 참석했다.

 신기하게도 오늘 학생들을 인솔하는 데 도움을 주신 두 분 학부모 모두가 아들 셋을 키우는 분이었다. 한 어머니는 아들과의 관계가 약간 힘들다고 하셨다. 그리고 자녀들을 공부시키는데 경제적인 부담이 크다고 말씀하셨다. 한국사회의 부모라면 누구라도 공감할 만한 말씀이었다.

 중3인 딸에게 자신의 진로에 대해 깊이 고민하고 가야 할 고등학교와 대학에 대해 선택을 해보라고 하였다. 처음에는 뚱한 표정이었지만 이내 수긍을 하고 자기 방으로 들어갔다. 딸에게는 자신의 진로를 찾는다는 것이 쉽지는 않겠지만 부모에게 의존하는 습관을 버리고 주도적으로 자신의 인생을 개척해 나가도록 해주고 싶었다.

 그다음 주일날 아내와 함께 차를 운전해서 교회로 향하였다. 운전하는 도중 아내는 줄곧 학교와 개인적인 이야기를 했다. '왜 매일 이런 이야기만 할까?' 하며 짜증이 났지만, 참고 끝까지 아내의 이야기를 들어주었다.

 아내도 나도 하나님의 은혜를 받은 후에는 삶이 조금씩 변화되고 있다. 아내도 내가 예전처럼 화내지 않아서 요즘이 가장 행복하다고 내게 말하였다. 그리고 "상처보다는 하나님의 은혜가 더 크다."라는 목사님의 설교 말씀을 인용하며 아내에게 임한 하나님의 크신 사랑을 나에게 말해 주었다. 지난주부터는 아내가 나보다도 더 예배 중에 하나님의 말씀을 깨닫고 은혜를 받는 것 같아서 마음이 흐뭇하다.

빌레몬서 1장 11절에 "그가 전에는 네게 무익하였으나 이제는 네게 유익하므로."라는 말씀이 있다. 오네시모는 처음에 빌레몬의 종이였었다. 그런데 어느 날 주인의 물건을 훔쳐 달아나는 범죄를 저지르게 된다. 하지만 오네시모는 회심을 한 후 감옥에 갇힌 사도바울의 심복이 된다.

'오네시모'의 과거를 알게 된 사도바울은 '빌레몬'에게 '오네시모'를 '용서받지 못할 종'으로 대하지 말고 '형제'로서 대할 것을 부탁하였다. 심지어 '오네시모'를 동역자인 바울을 영접하듯이 하라고 하였다.

이러하듯 복음을 들은 사람들, 즉 예수님을 자신의 구주로 영접한 사람들은 변화할 수밖에 없다. 예수님을 핍박했던 사도바울의 인생이 그러하였고, 그 복음을 전해 들은 오네시모의 삶도 죄인의 삶에서 하나님의 사람으로 변화되었다.

말씀과 기도 가운데에 예수님의 크신 사랑을 깨달을 때마다 그리고 매일의 삶 속에서 하나님이 내 삶 가운데에 역사하는 것을 체험할 때마다 내 삶이 조금씩 변화되고 있다.

하나님, 오늘도 이 놀라운 능력이 있는 복음을 들고 세상에 나아가기를 원합니다. 어두움 가운데에 빛을 주시고 상처가 있는 곳에는 나음을 주시는 하나님의 사랑을 가지고 빛과 소금의 역할을 기쁘게 감당하는 하루가 되게 하소서.

나는 죄인을 부르러 왔노라 마가복음 2:17

영어 성경을 쓰다가 이 말씀 앞에 멈추게 되었다. 예수님은 나 같은 죄인을 부르러 오셨다. 세상 사람들은 가난하고 병들고 아무 힘이 없는 사람들을 무시하고 가까이하지 않는다.

하지만 예수님은 세상 사람들과는 달랐다. 예수님의 주변에는 항상 많은 세리와 죄인들이 무리를 이루었고 예수님은 그들과 식사도 하셨다. 그리고 그들에게 말씀을 전하시고, 죄의 노예에서 해방할 수 있도록 하셨다.

예수님은 내가 병들고 지쳐 세상의 모든 소망이 사라졌을 때, 나에게 은혜의 손을 내밀어 주셨다. 그 은혜로 인하여 점진적으로 나의 삶이 바뀌고 새로워지고 있다.

그래서 날마다 하나님이 주신 은혜를 주변에 있는 직장 동료들 및 내가 아는 지인들과 나누고 있다. 나도 모르게 하나님의 살아계심을 확실하게 증거하는 자신을 볼 때 신기하지 않을 수가 없다. 하나님의 사랑과 은혜가 너무 커서 이야기를 하지 않을 수가 없다.

아직도 변하지 않는 나의 모습들이 많이 있지만 날마다 점진적으로 하나님의 형상을 닮아가는 자신을 보게 된다. '무엇이 나를 이렇게 변하게 하였는가?'

그 첫 번째 이유는 '하나님의 은혜' 때문이다. 하나님의 물 붓듯이 부으시는 은혜가 아니었다면 이렇게 회복될 수는 없을 것이다. 그 은혜로 나의 옛 품성과 습관들로부터 멀어지는 역사가 일어날 수 있었다.

그리고 둘째로는 내 마음 가운데에 '하나님을 향한 간절한 마음'을 보시고 은혜의 자리로 이끌어 주신 것 같다. 세상의 것으로는 참 만족과 행복이 있을 수는 없다. 오직 하나님 안에서만 인생의 행복과 참 자유를 누릴 수 있다는 것을 깨닫게 되었다.

마지막으로 주변에 '나를 위해서 기도해 주시는 분들의 기도 덕분'이라고 믿는다. 기도한다고 당장 바뀌는 것은 아니지만 하나님의 정해진 때와 섭리 속에 변화의 역사가 일어날 수 있다고 믿는다. 그러하기에 우리가 낙망하지 말고 계속 이웃의 '영혼 구원과 신앙 회복'을 위하여 기도해야 할 것이다.

다시 오지 않을 이 순간들과 영원히 함께하지 못하는 주변의 사람들을 위하여 하나님 안에서 선한 삶들을 살아가야 할 것이다.

내가 복음을 부끄러워하지 아니하노니 로마서 1:16

3일째 새벽 기도회에 참석했다. 목사님이 신실하시고 그분이 증거 하시는 말씀에 힘이 실려 있다는 것을 느꼈다. 하나님이 나를 부르심에는 그 목적이 있다고 생각한다. '하나님이 왜 나를 부르셨을까?' 하는 물음을 가지고 묵상을 하였다. 묵상 끝에 내린 결론은 하나님의 부르심의 목적은 '영혼 구원'에 있다는 것이다.

나는 사람 만나는 것을 즐겨한다. 내가 만나는 이 중에는 기독교인도 있고 아닌 사람도 있다. 어제는 후배를 만나서 교제를 한 후 돌아가는 길에 복음을 전하였다. 억지로 한 것이 아니라 자연스럽게 복음을 전하게 되었다. 그것은 하나님의 은혜와 그분과의 교제가 있었기 때문에 가능한 것이었다.

목사님이 믿는 이에게는 2가지 부류가 있다고 말씀하셨다. 첫째, 하나님을 믿기만 하는 사람이고, 둘째는 하나님을 믿고 하나님을 증거 하는 삶을 사는 사람이 있다는 것이었다. '하나님과의 인격적인 만남과 '거듭남(중생)'의 체험 없이 어떻게 그분을 증거 할 수 있을까?'라고 생각해 본다.

매일 기도하고 묵상하고 하나님을 찬양하지만, 여전히 연약한 존재라는 것을 느끼게 된다. 죄의 습성으로 인해 넘어지기 쉬운 존재이기에 하나님 앞에 겸손할 수밖에 없고, 또한 매일 그분의 은혜를 구하고 의지할 수밖에 없는 듯하다. 그것이 인간의 모습이고 나의 모습임을 부인할 수 없다.

지금 이전의 삶이 '패배의 삶'이었다면, 이제는 예수님 안에서 '승리의 삶'을 살고 싶다. 교회에서와 현실에서의 삶 속에서 하나님의 역사를 체험하며 하나님께 영광을 돌리는 삶을 살아가고 싶다. 아직 내가 가야 할 길이 먼 것 같다. 하지만 주님 의지하고 믿음의 발걸음을 거침없이 내디디고 싶다.

다니엘은 뜻을 정하여 다니엘 1:17-21

　토요일마다 아내의 친구 가정을 섬기고 있다. 그 친구와 두 자녀가 매주 토요일 7시에 우리 집에 오면 중2 첫째 아들의 영어를 봐주고 있다. 이 가정을 섬기고 있는 이유는 아내의 부탁도 있었지만, 어릴 때부터 친하게 지냈던 소중한 가정이기 때문이다.

　나 또한 신앙이 회복되기 전에는 감히 엄두도 못 낼 일이었지만, 지금은 마땅히 감당해야 할 일이라고 생각하고 즐겁게 하고 있다. 그렇다고 힘이 들지 않는다는 것은 아니다. 나도 토요일이면 여유를 갖고 쉬고 싶기 때문이다.

　지난 토요일 '교사 오케스트라'에 참석한 후 친구의 집에 들른 아내로부터 전화가 왔다. 친구가 아파서 병원에 가봐야겠다고 했다. 그 이야기를 전해 듣고 아내에게 "그럼 오늘 친구네가 오지 못하겠네?"라고 물어보았다. 그런데 아내는 그래도 친구가 오겠다고 했다는 것이다. 우리 집에 오는 것이 신앙과 학업에 조금이나마 도움이 되기는 하나보다 하고 생각했다.

　친구 집에서 돌아온 아내가 시장에 가자고 했다. 장에 가보아도 별것은 없지만, 나랑 나들이하는 것이 좋다고 아내가 말했다. 장을 보면서 아내에게 오늘 저녁은 친구 가정이라 같이 먹자고 했다. 내가 떡볶이와 고구마튀김을 준비하겠다고 했다.

　집에 돌아와서 아내와 나는 청소도 하고 나는 먼저 고구마튀김을 했다. 인원을 고려해서 튀김을 많이 해서인지 시간이 제법 걸렸다. 아내는 힘들어서인지 약간 투정을 부리기도 했다.

드디어 친구 가족이 도착해서 급히 떡볶이도 준비하며 저녁 준비를 했다. 식탁에 차려놓고 둘러앉아 기도한 후 소박한 만찬을 즐겼다. 힘들게 준비했음에도 아들은 떡볶이가 너무 달다고 불평했다. 나의 인생도 하나님께 받은 은혜가 많지만 이렇게 아들처럼 불평하지는 않았는가 하는 생각이 들었다.

식사 후에 나는 아내의 친구에게 "선생님을 향한 하나님의 뜻에 순종하셔야 가정이 살 수 있다."라고 신앙적인 권면을 했다. 나 또한 매일 기도하고 있으니 좋은 일이 있을 거라고 축복의 말을 건네었다.

구약성경 다니엘서 1장 8절에 "다니엘은 뜻을 정하여 왕의 음식과 그가 마시는 포도주로 자기를 더럽히지 아니하기로 하고 자기를 더럽히지 아니하도록 환관장에게 구하니."라는 말씀이 있다. 그 이후에 하나님은 다니엘에게 학문에 대한 깨달음과 지혜를 주셨고, 모든 환상과 꿈을 깨달아 알게도 하셨다.

다니엘과 세 친구는 왕 앞에 서서 면접을 보았고, 왕은 그들이 온 나라 박수와 술객보다 열 배나 낫다고 극찬했다. 그리고 왕조가 바뀌어도 다니엘은 총리가 되어 포로가 되었던 이스라엘 백성을 다스렸다.

다니엘이 이런 위대한 삶을 살 수 있었던 것은 하나님의 섭리 가운데에 그가 있었기 때문이다. 나 또한 이러한 하나님의 이러한 섭리 가운데에 살아가고 있음을 깨닫기를 원한다. 아니 하나님의 섭리 속에 있음을 확신한다.

하나님 오늘도 하나님의 섭리 속에서 세상으로 나아가서 믿음으로 승리하게 하시고 하나님의 영광을 나타내는 하루가 되게 하소서!

두려워하지 말라 내가 너와 함께함이라 ^{이사야 41:10}

어제는 아침부터 왼쪽 어깨 쪽이 아파서 짜증이 많이 났다. 힘들고 짜증이 나는 것에도 불구하고 아내와 딸이 주일 예배 중에 연주하기 위해 사용할 보면대를 준비하였다. '교회 자체적으로 준비가 되었으면 좋지 않았을까?' 하는 생각이 들었다.

그래서 나는 아내에게 약간 짜증을 내었다. 그리고 그동안 나도 아내를 도와주느라 힘들었기에 이번만 하고 그만두라고 아내에게 말하였다.

아내는 두 달 가까이 아내의 친구들과 남편 그리고 목사님 사모님까지 함께 주일 예배 때에 앙상블로 하나님께 영광 돌리기로 하고 열심히 연습했다. 그러나 곡을 정하고 연습하면서 의견이 통일이 안 되어서 힘들어하였다.

그리고 예배 전에 '앙상블'을 연습하려는데 교회 시설 사용에 대한 문제가 생기기도 하였다. 어찌 되었든 예배가 시작되고 힘든 과정에도 불구하고 연주는 하나님의 은혜 가운데에 마쳐졌다.

그러나 아내는 지금까지의 과정들이 너무나도 힘들었기에 그리고 교회에 등록한 상태도 아닌데 모임을 유지하고 싶지 않기에 그만두고 싶다고 친구들에게 말했다. 하지만 친구들은 왜 그만두냐고 하면서 모임을 더 발전시켜서 하자고 했다. 집에 와서도 아내는 무슨 이유인지는 모르겠지만 마음이 자꾸 힘들다고 했다.

아내가 마음이 힘들다며 막무가내로 기도해 달라고 해서 기도해 주었다. 아내는 나의 기도에 위로를 받아서인지, 이제는 괜찮다고 했다. 아내는 이러한 일들을 겪을 때 자신의 자존감이 낮아진다고 말했다. 이 말을 듣고 나 또한 약하고 보잘것없는 존재라는 것을 많이 느낀다고 아내에게 말했다.

목사님께서는 신앙생활은 "나를 바라보는 것이 아니라 하나님을 바라보는 것이다."라는 말씀을 했다. 하나님을 바라볼 때 염려와 불안이 사라지고 새 힘이 생기며 소망이 생긴다. 그러므로 우리는 '하나님 바라보기'를 날마다 해야 할 것이다.

하나님은 이사야 41장 10절에서 "두려워하지 말라 내가 너와 함께함이라 놀라지 말라 나는 네 하나님이 됨이라 내가 너를 굳세게 하리라 참으로 너를 도와주리라 참으로 나의 의로운 오른손으로 너를 붙들리라."라고 말씀하신다.

하나님은 에덴동산에서 죄를 지은 아담과 하와가 하나님의 낯을 피하여 동산 나무 사이에 숨었을 때도 직접 찾아가서 그들을 위하여 가죽옷을 지어주신 분이다.

하나님은 우리가 환란 가운데에 있거나 연약하여 넘어질 때도 여전히 함께하시며 우리를 굳세게 하시고 도와주시는 분이시다. 그러므로 우리는 어떠한 어려운 상황 속에서도 실망하거나 좌절해서는 안 될 것이다. 하나님은 우리가 하나님 그분을 믿고 의지하고 나아가길 바랄 뿐이다.

하나님, 갈수록 처음보다 나태해져 있는 자신의 모습을 봅니다. 처음 신앙 일기를 쓰고 간절한 마음으로 나아갔을 때처럼 다시 한번 마음을 가다듬길 원합니다. 오늘도 연약한 모습이지만 하나님께 붙들린 삶을 살기를 원하는 저를 붙드시고 하나님이 쓰시고자 하는 길로 인도해 주시길 기도합니다.

주라 그리하면 너희에게 줄 것이니 누가복음 6:38

나는 다른 사람으로부터 선물을 받는 것을 좋아하지만 주는 것을 더 좋아한다. 그리고 다른 사람으로부터 섬김을 받는 것보다는 섬기는 것을 좋아한다. 사도행전 20장 35절에서도 "주는 것이 받는 것보다 더 복이 있다."라고 성경은 말한다.

지난 목요일에 운동회를 마친 후 운동회 준비로 수고한 두 직장 동료와 식사를 하였다. 모두가 수고했지만, 특별히 온갖 힘든 일을 도맡아서 수고해 주었기에 그냥 지나칠 수는 없었다.

식사를 마친 후 집으로 집 앞에 도착했다. 그때 갑자기 경비 아저씨가 오셔서 택배가 왔으니 가져가라고 하였다. 수원에서 아내의 큰언니가 보내온 택배 상자는 보기에 부피가 커 보였다.

그 무거운 택배 상자를 가지고 엘리베이터를 타고 우리 집 현관 앞에 도착하자 또 다른 택배 상자가 보였다. 그것은 울산에 사는 아내의 둘째 언니로부터 온 것이었다.

집 안으로 들어와서 먼저 큰 택배 상자를 열어 보았다. 그 상자 안에는 밤과 함께 다양한 생활용품으로 가득 차 있었다. '내리사랑'이라고 큰언니의 동생에 대한 지극한 사랑을 느낄 수 있었다. 아마도 항상 베푸는 것을 즐기는 언니의 마음은 '한가위 명절'과 같이 풍성하리라는 생각을 했다.

다음으로 두 번째 상자를 살펴보았다. 그것은 아내의 둘째 언니가 보내준다고 전화 온 감 상자였다. 상자에 감을 숙성시키는 약이 들어 있어서 토요일 저녁에나 열어서 먹어야 한다고 전해 들었다. 그 상자들과 함께 온 가족들의 따뜻한 사랑이 느껴져서 너무나도 행복한 저녁이었다.

성경은 누가복음 6장 38절에서 "주라 그리하며 너희에게 줄 것이니 곧 후히 되어 누르고 흔들어 넘치도록 하여 너희에게 안겨 주리라."라고 말씀하신다.

주는 자의 삶은 참으로 복된 삶이다. 자신에게 있는 물질과 사랑을 이웃과 함께 나눌수록, 나누는 이의 삶은 행복이라는 열매로 충만하게 될 것이다. 우리가 많은 물질이 없다 하여도 상대방을 향한 따뜻한 사랑, 배려 그리고 감사의 말 한마디를 건네는 것 또한 주는 자의 복된 삶일 것이다.

그리고 하나님은 성경 말씀을 통하여 주는 자에게 더 많은 축복을 주실 것을 약속하고 계신다. 그러나 우리는 단지 더 많은 축복을 받기 위해 이웃을 섬기고 베풀 것이 아니라, 나의 축복이 하나님의 값없이 주시는 은혜인 것을 알고 이웃과 물질과 사랑을 나누어야 한다.

나 또한 '나의 신앙 일기'를 통하여 나누는 삶을 살고 있다. 나의 작은 믿음의 행위가 내가 사랑하는 사람들의 삶을 조금이나마 풍성하게 하고 예수님의 사랑을 깨닫게 할 수만 있다면 그것으로 나는 만족한다.

하나님, 오늘은 학생들을 인솔하고 '키즈런 페스티발'에 참가합니다. 하나님의 은혜 가운데에 무사히 끝날 수 있도록 인도하소서. 그리고 예수 그리스도의 살아계심이 저의 삶을 통해서 나타나게 하소서.

내가 곧 길이요 진리요 생명이니 요한복음 14:6

결혼하기 전에 함께 성경을 공부했던 집사님에게 카톡을 드렸다. 벌써 20년이 지난 일이다. 간혹 연락을 드렸지만 거의 연락을 끊고 살았다.

신앙생활을 열심히 하지 않고 세상에서도 성공하지 못한 나의 초라한 모습을 그분에게 보이기가 싫었기 때문이다. 누구나 자신의 삶이 자랑스럽지 못하다고 생각할 때는, 자존감은 낮아지고 움츠러들어 사람들을 기피하게 된다.

하지만 지금은 어느 정도 나의 마음이 편해졌다. 하나님 안에서 자신을 찾고 자존감을 많이 회복했다. 집사님의 두 자녀도 하나님의 은혜와 축복 가운데에 자신의 길들을 잘 찾아간 것 같아 내심 부러운 마음도 들었다. 11월에 한 번 아내와 함께 찾아가 보고 싶다.

어제는 예배 후에 어린이들을 위한 행사와 남자들만의 족구 시합이 있었다. 평소에 내가 속한 모임에서 섬김을 받았던 나였기에, 어제는 내가 그분들을 모시고 내 차로 족구 장소로 이동하였다. 운동을 즐겁게 한 후, 그분들을 교회로 모셔드리고 나는 아내를 태우고 귀가했다. 몸은 힘들고 피곤했지만, 그분들을 조금이나마 섬길 수 있어서 기쁜 마음이었다.

요한복음 14장 6절에서 "예수께서 이르시되 내가 곧 길이요 진리요 생명이니 나로 말미암지 않고는 아버지께로 올 자가 없느니라."라는 말씀이 있다. 예수님은 자신이 말씀하신 대로 실천하는 삶을 사셨다.

'천국'이라는 목적지를 향해 머나먼 여정 가운데 우리는 길을 잃을 때가 있다. 그때마다 우리는 '등대'가 되시는 예수님을 꼭 붙잡고 가야만 목적지에 도달할 수 있다.

예수님은 생명이시다. 우리가 하나님과 연결되어 있고 날마다 그분과의 교제가 있어야만 우리는 생명을 유지할 수 있다. 하나님과의 교제가 없는 신앙생활은 죽은 것이다.

하나님, 날마다 깨어 기도한다는 것이 쉽지 않음을 고백합니다. 그러함에도 불구하고 피곤한 육체를 이끌고 제가 있어야 할 그 자리로 나아갑니다. 오늘 하루 하나님이 부어 주시는 은혜로 새 힘을 얻게 하시며 건강한 하루를 살아가게 하소서.

영원히 목마르지 아니하리니 요한복음 4:14

중국으로부터의 미세먼지로 인해 한반도의 하늘이 희뿌옇게 덮여 있다. 엘리베이터에서 우연히 만난 아래층 아주머니께서는 "추우면 따뜻한 옷을 입으면 되지만, 미세먼지 때문에는 숨을 안 쉴 수가 없으니."라고 하시며 한숨 지셨다. 아름다운 지구의 환경들이 인간들로 인해서 파괴되고 있는 것은 슬픈 현실이다.

나이가 든다는 것이 슬픈 현실이다. 신체의 기능들이 저하되고 몸도 여기저기 아픈 곳이 많아진다. 오래도록 건강한 삶을 영위하기 위해서는 평소에 자기 몸을 잘 관리해야 할 것이다.

지난 토요일에는 건강을 위해서 내가 아는 축구 감독님의 추천을 받아 한 축구 클럽에 갔다. 다들 교회에 다니시는 분이라, 경기 내내 무리하지 않게 공을 차셨고 경기가 끝난 후에는 간단한 정리 운동 후에 기도로 마무리했다. 햇살 가득한 잔디 구장에서 마음껏 뛰고 나니 가슴이 후련했다.

저녁에는 처음으로 가족 예배를 드렸다. 예배 중간에 딸이 예배를 빨리 마치자고 재촉을 하기도 했지만 내게는 의미가 있고 은혜로운 시간이었다. 첫 예배는 아들이 참석하지 못했지만, 조만간에 참석하리라고 믿는다.

주일 예배 후에 내가 속한 모임에서 커피를 마시며 교제를 했다. 우리 모임의 권사님이 "내년에는 함께 해외여행이라도 한번 갑시다."라는 말을 어렵게 꺼내셨다. 이에 장로님은 당장은 어려우니 국내 여행이라도 하자고 응수했다. 다른 집사님들도 추천장소를 말하며 조만간에 1박 2일이라도 다녀오자고 했다.

나는 순간적으로 권사님의 표정 속에서 약간은 삶에 지쳐있음을 느꼈다. 나처럼 똑같이 되풀이되는 일상 속에서 벗어나 휴식을 원하고 계신 듯했다. 차에도 '브레이크'가 필요한 것처럼 우리 인생에도 '휴식'이라는 브레이크가 필요하다. 현대사회를 살아가는 이들과 교회에도 '진정한 삶의 나눔'이 있는 휴식이 필요한 것 같다.

요한복음 4장 14절에 "내가 주는 물을 마시는 자는 영원히 목마르지 아니하리니 내가 주는 물은 그 속에서 영생하도록 솟아나는 샘물이 되리라."라는 말씀이 있다. 예수님은 사마리아에 있는 '수가'라는 동네에 있는 우물가의 한 여인을 찾아가셨다. 그녀는 살면서 다섯 번이나 이혼을 당하고 지금 함께 사는 남자도 남편은 아니었다.

그녀는 자신의 삶이 수치스러웠기에 다른 사람의 눈을 피하여 정오에 물을 길으러 우물을 찾아왔다. 하지만 예수님은 그러한 그녀를 만나주시고 그녀의 '삶의 상처'를 치유해 주시고자 하셨다.

하나님, 우물가의 여인처럼 헛된 세상의 것을 구하며 지쳐있던 저의 인생에 찾아와 주셔서 감사합니다. 오늘도 하나님이 주시는 영원히 목마르지 않게 하는 생수 즉 말씀에 의지하여 신령과 진정으로 예배드리는 하루가 되게 하소서.

내 어린양을 먹이라 하시고 요한복음 21:15

나는 중학교 때부터 다른 또래의 친구들과는 달리 사색과 명상을 즐겼다. 그리고 삶과 죽음의 문제에 대해서도 깊이 생각하였다. 그러던 내가 이제 반백을 넘어 예순을 향해 나아가는 길목에 접어들었다.

지금까지의 인생을 되돌아볼 때 기쁨보다는 수고와 슬픔이 많았다는 생각이 든다. 하지만 인생을 살면서 잘했다고 여겨지는 것은 내가 교회에 나가서 예수님을 믿게 되었다는 것이다. 반백이 넘은 내가 꿈을 가지고 살아갈 수 있는 것은 내 마음 깊은 곳에 '하나님에 대한 믿음'이 자리하기 때문이다.

여러 달 동안의 강행군으로, 몸과 마음이 지쳐 '신앙 일기를 쉬어볼까?' 하고 생각도 했다. 하지만 신앙 일기를 쓰지 않고 하루를 맞이한다는 것이 더욱 힘들어 다시 키보드 앞에 앉게 되었다. 이제는 노안이 와서 가끔 눈도 침침하고 육체도 피곤할 때도 있지만 이렇게 글을 쓰고 이글을 이웃과 나눌 수 있음에 감사할 따름이다.

사람은 항상 자신의 아집 속에 갇혀 있으면 타인의 마음을 읽을 수가 없다. 그리고 자신이 최선을 다하였음에도 남들이 그 일에 대해 낮게 평가할 때는 절망하기도 한다.

아내도 가끔은 자식들을 바라보며 '나는 자식들에게 어떤 존재인가?' 하며 생각을 하곤 한다. 자식은 자식일 뿐이다. '간혹 있겠지만 자식이 어떻게 부모의 마음을 헤아리고 부모 마음에 흡족하게 살아갈 수 있을까?' 그것은 부모의 지나친 욕심이다. 부모는 단지 자식이 인생을 잘 개척해 나갈 수 있도록 그냥 인내하고 기도하며 뒷바라지할 뿐이다.

이번 주일에는 몸도 아프고 쉬고 싶어서 가까운 교회에 가려고 했다. 그런데 아내는 굳이 늦은 시간임에도 불구하고 내게 교회로 가자고 했다. 목사님 설교가 2/3 정도 지날 즈음에 교회에 도착했다.

예배를 드린 후, 우리 모임이 교회의 식사 당번이라서 식당 안으로 들어가서 1시간 동안 그릇을 분류하고 정리하였다. 봉사 중에 학교 급식실에서 묵묵히 일하시는 조리 종사원분들이 떠올랐다. 남들에게 보이기 위해서 의정 활동을 하는 정치인보다는 사회의 보이지 않는 곳에서 묵묵히 일하시는 분들로 인해서 이 사회가 유지되고 있다는 생각이 들었다.

모든 일을 마치고 집으로 돌아가는 차 안에서 아내는 나에게 "목사님이 미국으로 가시게 되었는데, 자기는 알아?"라고 물어보았다. 나는 "전혀 몰랐는데."라고 대답했다. 목사님을 믿고 의지했던 아내와 아내의 친구들은 큰 충격을 받았다. 사실 아내와 나도 '이제는 이 교회에 등록해서 신앙생활을 열심히 해볼까?'라는 마음을 가졌는데 이런 소식을 접하게 되어서 약간은 실망했다.

신앙생활을 목사님을 의지하고 하는 것은 아니지만, 교회에서 목사님의 역할이 절대적이라는 생각을 했다. 특히 신앙의 초보인 사람들은 더욱 목사님의 영향을 많이 받는다. 나는 아내에게 농담으로 "이제 그냥 집에서 예배드리자."라고 말했다.

나는 교회를 바라보며 안타까운 마음이 들었다. 내가 목회자라면 대신 자리를 지켜주고 싶다는 생각도 들었다. 그러나 그것은 하나의 바람일 뿐이다. 도산 안창호 선생께서는 "지도자가 없다고 한탄하지 말고 너희가 지도자가 돼라.”라는 말씀을 하셨다. 이 말씀이 나에게 ‘하나의 도전’으로 다가왔다.

요한복음 21장 15절에 “그들이 조반 먹은 후에 예수께서 시몬 베드로에게 이르시되 요한의 아들 시몬아, 네가 이 사람들보다 나를 더 사랑하느냐 하시니 이르되 주님 그러하나이다. 내가 주님을 사랑하는 줄 주님께서 아시나이다 이르시되 내 어린 양을 먹이라 하시고.”라는 말씀이 있다. 이 시대는 ‘외치는 자 많건마는 생명수는 말랐어라.’라는 찬송의 가사처럼, 우리는 말씀의 홍수 속에서 살아가고 있지만, 영적인 빈곤과 목마름 속에서 방황하고 있다.

하나님, 말씀과 기도 없이 하루를 시작한다는 것이 얼마나 힘든 것인지 알게 되었습니다. 오늘 하루 하나님의 말씀과 은혜 가운데에 잠기는 하루가 되게 하시고 나를 향하신 하나님의 계획이 무엇인지 깨닫는 하루가 되게 하소서.

살아계시는 하나님의 군대를 모욕하겠느냐 _{사무엘상 17:26}

바쁜 일정 가운데에도 수많은 사건과 생각들이 나의 뇌리를 스쳐 지나간다. 중국에서 오는 스모그와 반복되는 일상들이 우리의 삶을 힘들고 지치게 한다. 그리고 일자리 정책과 유치원 비리 문제 등의 각종 사회 문제들이 신문의 지면을 채우며 우리를 우울하게 만든다. 우리를 둘러싸고 있는 이 세상은 우리에게 날마다 'Good News'보다는 'Bad News'만을 우리에게 주고 있다.

어제는 학교에서 '교장 공모제 신청'에 대한 학교운영위원회 심의가 있었다. 학부모들은 '교장 공모제'에 찬성하는 분이 많았고, 교직원들은 압도적으로 반대표가 많았다. 드디어 투표가 이루어졌고 '교장 공모제 신청'은 부결이 되었다.

실무를 맡은 나에게는 '교장 공모제'를 신청하게 되면 큰 부담이 되는 일이어서 부결되기를 희망했는데, 원하는 대로 결정이 되어서 마음이 홀가분했다. 내년에도 좋으신 교장 선생님이 오셔서 행복한 학교생활을 했으면 한다.

그리고 어제는 우리 가정에는 특별한 날이었다. 처음으로 우리 집에 교회 목사님 부부와 아내의 친구를 초대한 것이었다. 아내와 나는 식사를 할 식당을 예약하고 주말에는 대대적으로 청소를 하였다. 그리고 아내는 식사 후에 집에 와서 먹을 간식도 다양하게 준비했다.

우리는 맛있게 저녁 식사를 마친 후 집으로 이동해서 예배를 드렸다. 목사님은 신명기 8장 7-10절 말씀으로 우리 부부의 신앙 여정을 빗대어 말씀해 주셨다. 참으로 감격스럽고 은혜로운 시간이었다. 목사님을 초대해서 이렇게 예배드리고 있다는 사실이 무척 감격스러웠다. 목사님 말씀대로 전적인 하나님의 은혜라고 말할 수밖에 없다.

예배 후에는 간식과 함께 교제를 나누었다. 나도 나누고 싶은 말이 많았지만, 아내를 위해 말을 아꼈다. 아내가 손님 접대를 준비하며 육체적으로 힘들었을 텐데도 너무나도 기쁘게 준비하고 만족해하는 것 같아서 마음이 흐뭇했다. 아내의 삶이 하나님 안에서 교제와 섬김을 통해 행복한 삶이 되었으면 한다.

사무엘상 17장 26절에 "다윗이 곁에 서 있는 사람들에게 말하여 이르되 이 블레셋 사람을 죽여 이스라엘의 치욕을 제거하는 사람에게는 어떠한 대우를 하겠느냐 이 할례 받지 않은 블레셋 사람이 누구이기에 살아 계시는 하나님의 군대를 모욕하겠느냐."라는 말씀이 있다.

소년 다윗은 큰형 엘리압과 사울이 보기에는 양을 치던 어린아이에 불과했다. 그의 형은 어린 동생을 무시하였고, 사울도 그 어린 소년의 담대함에 어쩔 수 없이 군복을 내주지만 그에 대해 절대적인 신뢰를 하고 있지는 않았다.

하지만 소년 다윗의 마음 깊은 곳에는 '살아계신 하나님'이 계셨다. 그는 양을 치면서 들에서 하나님과 교제하였고, 날마다 삶 속에서 사자와 곰의 발톱에서 그를 지키시는 살아계신 하나님을 체험하였다.

다윗에게는 전장에서 블레셋 장수 골리앗과의 한판 싸움은, 그가 매일 양을 치면서 경험했던 삶의 현장에서 장소와 대상만 달라진 일상의 연장이었기에, 그는 담대하게 골리앗을 대적할 수 있었다. 그리고 결국에는 하나님이 주신 힘으로 그 싸움을 승리로 이끌 수 있었다.

나는 우리의 삶이 그러하지 않을까 생각해 보았다. 다윗과 같은 신앙인이 없기에 우리 하나님은 날마다 믿지 않는 사람들의 멸시와 조롱을 받는다. 하지만 다윗과 같이 위대한 인물은 하루아침에 만들어지지 않는다. 그는 날마다 들에서 양을 치며 하나님과 교제했으며 하나님이 맡겨주신 일에 최선을 다하는 삶을 살았다. 그러하였기에 그는 신앙의 위대한 인물이 될 수 있었다.

우리가 날마다 깨어 기도하며 믿음으로 산다는 것이 쉬운 일은 아니다. 전적인 하나님의 은혜가 없다면 그러한 삶을 단연코 살 수 없다. 그러하기에 날마다 순간마다 하나님의 도움을 구하고 하나님을 의지할 수밖에 없다.

하나님, 저는 성경 속에 갇힌 하나님을 믿는 것이 아니라 살아계신 하나님을 내 아버지로 믿고 고백합니다. 세상의 염려와 생각으로 굳어진 마음을 성령께서 녹이시고 날마다 하나님의 사람으로 거듭나게 하소서.

이른 비 늦은 비를 적당한 때에 내리시리니 신명기 11:14

   사람마다 하루를 여는 방법이 다르다. 새벽 기도회에 다녀오면서 폐지를 줍는 할아버지와 이른 새벽부터 낙엽을 쓸고 계시는 경비아저씨의 모습을 보았다. 그리고 편의점 앞에서 동전을 세고 계시는 폐지를 줍는 아저씨의 모습 속에서 인생의 무상함이 느껴졌다. 그분도 화려한 젊음을 보내었을 터인데 이제는 고단한 인생을 살고 있으니 말이다.

   누구에게나 그러한 날이 있겠지만 어제는 정말 아침에 출근할 때부터 기분이 나쁘고 짜증이 났다. 앞서가는 차 때문에 계속 신호에 걸려 짜증이 나고 수업을 하면서도 그러한 감정이 풀리지 않았다.

   퇴근 후에는 오래간만에 토마토 부동산에 들렀다. 언제나 그러하듯이 사장님이 나를 반갑게 맞이해 주었다. 잠시 후 여사장님은 일명 '무거운 계약 건'으로 타 부동산으로 가서서, 남편 되시는 사장님과 이야기를 나누게 되었다.

   사장님이 말씀하기를 한 건의 전세 계약에 두 부동산이 겹쳤는데, 계약하는 사람이 여기 부동산에서 하기를 원해서, 돈을 벌기는 하지만 겹친 부동산에 미안한 마음이 들어 마음이 무겁다는 것이었다.

   그리고 지금까지 사장님 부부는 항상 원칙을 가지고 일을 하셨고 불의하게 돈을 벌고 싶지는 않다고 하셨다. 그러한 일관된 마음들이 손님들의 마음을 사로잡았고, 입소문을 타서 소개로 오시는 분들도 많이 있다고 하셨다.

   수학에 공식이 있듯이 사업의 성공에도 공식이 있다. 눈앞의 이익을 위해서 거짓을 행하면 당장에는 돈이 되겠지만 결국 사업이 오래가지는 못한다. 그러므로 사업을 시작하면 원칙을 가지고 정직하게 해야 할 것이다.

신명기 11장 13-14절에 "내가 오늘 너희에게 명하는 내 명령을 너희가 만일 청종하고 너희의 하나님 여호와를 사랑하여 마음을 다하고 뜻을 다하여 섬기면, 여호와께서 너희의 땅에 이른 비, 늦은 비를 적당한 때에 내리시리니 너희가 곡식과 포도주와 기름을 얻을 것이요."라는 말씀이 있다.

오늘 새벽에 눈을 뜨고 교회로 가는 발걸음이 여러 가지 생각과 염려로 무거웠다. 마음도 갈라진 땅과 같이 메말라서 하나님의 은혜가 절실하였다. 그런 나를 하나님은 불쌍히 여기시고, 기도 중에 많은 은혜와 위로를 주셨다.

때때로 나는 '내가 지금 어디에 있고 무엇을 하고 있지?'라는 질문을 나 자신에게 할 때가 있다. 믿음으로 사는 것이 너무 힘들어서 예전의 생활로 돌아가고 싶을 때도 있다. 하지만 그러할 때마다 하나님께서 은혜를 주셔서 이겨내게 하심에 감사할 따름이다.

예수님은 자신에게 주어진 '십자가의 길'이 '고난의 길'이라는 것을 분명히 알고 계셨다. 그리고 십자가를 지는 그 고난의 잔을 피하고 싶은 마음도 있으셨다. 하지만 예수님은 자신의 원대로 하지 않고 하나님의 뜻에 순종하셨다. 그러한 순종이 있었기에, '아담' 한사람으로 말미암아 죄가 이 세상에 들어왔지만, '예수님' 한 분으로 인해 모든 인류의 죄가 해결되었다.

누구에게나 자신이 걸어가야 할 인생의 길이 있다. 지도자는 지도자로서의 길을 교사는 교사로서의 길을 그리고 아버지는 아버지로서의 길을 묵묵히 걸어가야 한다. 이 사회의 구성원들이 각자가 맡은 직분을 성실하게 수행할 때, 이 사회는 건강하고 밝은 사회가 되어질 것이다.

날마다 나를 위로하시고 은혜를 주시기를 원하시는 하나님, 내게 주어진 이 길이 비록 힘들고 어렵다고 하더라도 날마다 폭포수같이 부어주시는 하나님의 크신 은혜로 기쁘고 힘차게 걸어갈 수 있게 하소서.

그가 너로 말미암아 기쁨을 이기지 못하시며 스바냐 3:17

햇빛이 창을 통해 거실을 환히 비추는 토요일 오후이다. 아내가 자식처럼 돌보는 다육이(다육식물)들이 고개를 내밀고, 따스한 햇살에 몸을 내맡긴다. 함께 모여 있는 다육이들을 하나씩 떼어서 자세히 관찰하면 독특한 아름다움과 매력을 느낀다.

아내는 그러한 아름다움과 매력을 볼 수 있는 눈을 가지고 있는 듯하다. 그래서 매일같이 다육이들 곁에 붙어서 그것들을 돌본다.

가정체험학습으로 인해 학교에 다시 나오고 있는 것도 몰랐는데 우연히 등사실에서 ○○를 마주쳤다. 오랜 기간 집에 있어서인지 살도 찌고 얼굴도 편해 보였다. 나는 ○○에게 "왜, 선생님 보러 안 왔니?"하고 물었다. 그러자 ○○는 "체육실로 찾아갔는데 선생님이 안 계셨어요."라고 대답했다.

다른 이에게는 다른 친구들과 선생님을 힘들게 하는 아이인지 모르지만 내게는 참으로 소중하고 예쁜 아이로 보인다. 하나님도 '나'를 바라보는 시선이 그 아이를 바라보는 것처럼 그렇지 않을까 생각해 보았다.

학교에서 나를 항상 좋게 봐주시고 지지해 주시는 한 분이 어제 나의 신앙 일기 구독자가 되셨다. 여전히 부족하지만, 나의 좋은 면만 보고 칭찬을 해주시는 분을 만나면 나의 자존감도 높아진다. "칭찬은 고래를 춤추게 한다."라는 말이 있듯이 칭찬의 말은 한 사람을 살리는 놀라운 능력이 있다.

어제는 금요 기도회가 있던 날이었다. 전에는 피곤해도 간절한 마음으로 교회로 향했지만 요즈음 나의 삶의 문제들이 하나씩 해결되고 긴장이 풀리니 처음 교회로 갈 때의 '떨림'은 사라지고 가기가 귀찮아졌다.

그런데 아내가 '학교를 옮기는 문제'로 기도해야 한다고 나를 재촉했다. 아내의 성화에 못 이겨 운전석에 앉았지만 '왕짜증'이 났다. 운전 중에는 잠깐의 말다툼도 했지만, 아내가 결국 승리하여 교회로 가게 되었다.

교회에서 개인적인 기도의 시간을 마친 후 교회 현관에서 아내를 기다리며 목사님을 비롯해 내가 부탁할 수 있는 신앙의 사람들에게 아내를 위해 기도를 부탁한다는 메시지를 보냈다.

그리고 공교롭게도 현관에서 목사님 부부와 만나서 아내의 학교 문제로 상담을 하게 되었다. 목사님이 아내의 학교 문제를 잘 상담해 주셨고 목사님의 기도로 상담은 마무리되었다. 참으로 은혜롭고 복된 시간이었다.

스바냐 3장 17절에 "너의 하나님 여호와가 너의 가운데에 계시는 그는 구원을 베푸실 전능자이시라 그가 너로 말미암아 기쁨을 이기지 못하시며 너를 잠잠히 사랑하시며 너로 말미암아 즐거이 부르며 기뻐하시리라 하리라."라는 말씀이 있다. 하나님은 항상 우리를 지켜보시고 도와주시는 분임을 다시 한번 깨닫게 되었다.

우연히 어제 금요 기도회에서 말씀하신 목사님의 말씀과 오늘 아침 기독교방송의 설교 말씀이 모두 자녀에 대한 말씀이었다.

우리는 자녀들에게 부모의 잣대에 맞추어 너무 많은 것을 기대한다. 그리고 그러한 부모의 욕심이 자녀를 파멸에 이르게 한다는 것을 망각하고 살아가는 부모들이 이 땅에는 많다.

「10월의 어느 멋진 날에」라는 노래를 살펴보면 '창밖에 앉은 바람 한 점에도 사랑은 가득한 걸, 널 만난 세상 더는 소원 없어 바람은 죄가 될 테니까. 가끔 두려워져 지난 밤 꿈처럼 사라질까 기도해. 매일 너를 보고 너의 손을 잡고 내 곁에 있는 너를 확인해.'라는 가사가 쓰여 있다.

목사님의 말씀처럼 나의 자녀들이 그냥 내가 준비한 음식과 과일을 먹고 맛있어하고 식탁에서 함께 이야기할 수 있는 것만도 감사한 일이라는 생각이 들었다. 나의 자녀가 세상에서 위대한 업적을 이루어서가 아니라 그냥 나의 곁에 존재하는 것만으로도 감사해야 할 것이다.

하나님, 나의 주변에 있는 분들이 모두 소중하고 아름다운 사람임을 깨닫게 해주심에 감사함을 드립니다. 또한, 저의 부족함과 연약함에도 나를 잠잠히 사랑하시며 나로 말미암아 즐거이 부르시며 기뻐하시는 하나님의 크신 사랑과 은혜를 찬양합니다. 오늘도 그 크신 하나님의 사랑과 축복을 체험한 자로서 이웃과 그 사랑을 나누며 하나님의 사랑을 실천하는 하루가 되게 하소서.

지금 내 생명을 거두시옵소서 열왕기상 19:4

교회 앞의 크리스마스트리가 나를 맞이하는 새벽이다. 새벽의 크리스마스 장식들이 지금은 기억의 저편으로 사라진 고등학교 시절을 아련히 떠올리게 한다.

나는 고2 때에 삶과 죽음의 문제와 인생의 무상함에 처음으로 교회에 나갔다. 그 해에, 크리스마스 교회 행사 때에는 성극에서 대제사장 역할을 맡아 "참람하도다."라는 '한마디의 대사'를 했었다. 철없는 고등학생이었던 내가 결혼을 하고, 장성한 아들을 두었다는 것이 믿기지 않는다.

아내의 간절한 기도와 많은 이들이 기도해 주신 덕분에 아내는 거리는 약간 멀지만 더할 나위 없이 좋은 학교로 가게 되었다. 아내의 학교 교감 선생님도 무척 놀라며 "어떻게 그런 좋은 조건의 학교를 알게 되었느냐고?" 아내에게 물었다고 한다. 나는 단지 하나님의 은혜라고밖에 설명할 수 없을 것 같다.

지난 월요일에는 한 6학년 남학생이 수업하기 전 쉬는 시간에, 티볼을 너무 세게 던진 나머지 체육실 싱크대 위에 있는 선반의 작은 창문 유리를 깨트렸다. 그 순간 학생들은 '얼음'이 되었고 나는 그동안 참고 있던 분노를 터뜨렸다.

학생들을 앉혀놓고 일장 훈계를 했다. 그 학생은 평소에도 말을 잘 듣지 않는 편이라서 조금 강하게 혼을 낼 수도 있었지만, 담임선생과 부모님에게 알리지 않기로 하고 너그럽게 용서해 주었다. 그 학생은 긴장했던 마음을 내려놓고 안도의 한숨을 내쉬는 듯했다. 용서의 중요성을 다시 한번 깨닫는 시간이었다.

얼마 전부터 목사님의 말씀을 따라 페이스북 활동을 시작했다. 그것을 통하여 그동안 잊고 지내던 사람들이 다시 연결되었다. 그중에 우연히 온누리교회에서 같이 신앙생활을 했던 아주 신앙이 신실했던 대학교 후배와 통화를 하게 되었다.

나는 요즘 나의 신앙생활을 이야기한 후 후배의 신앙생활은 어떠한지 물어보았다. 그 질문에 후배는 "그냥 덤덤해요."라는 내가 전혀 예상하지 못한 답을 들었다. 나는 그 후배는 지금도 변함없이 열정적으로 하리라 생각했는데, 예상하지 못했던 답변을 듣게 되어 약간의 충격을 받았다. 나는 후배에게 우리가 이렇게 페이스북을 통해 만나게 된 것도 하나님의 계획 속에 있을 것이라는 말과 함께, 다음에 다시 연락하자는 말을 그 후배에게 남기고 전화를 끊었다.

열왕기상 19장 4절에 "자기 자신은 광야로 들어가 하룻길 쯤 가서 한 로뎀나무 아래에 앉아서 자기가 죽기를 원하여 이르되 여호와여 넉넉하오니 지금 내 생명을 거두시옵소서. 나는 내 조상들보다 낫지 못하나이다."라는 말씀이 있다.

19장 이전의 성경 말씀을 살펴보면 '엘리야'는 '사르밧 과부의 아들'을 죽음에서 다시 살리고 또한 '바알신'을 섬기는 450명의 선지자와 갈멜산에서 겨루어 이긴 후 그들을 완전히 멸하는 살아계신 하나님의 놀라운 사건을 체험한다.

하나님의 능력을 체험한 그도 인간인지라 '아합왕'의 아내인 '이세벨'이 자신이 섬기는 신의 선지자들을 죽인 것에 대해 복수하겠다는 협박에 두려워서 광야로 도망친다.

성경은 완벽하지 못한 인간의 모습을 보여주기에 많은 이들에게 위로가 된다. 엘리야가 열심히 유별난 사람이었던 것처럼, 나도 조금은 남다른 신앙생활을 하고자 하고 하나님 안에서 꿈도 꾸고 있다.

며칠 동안 사는 것이 고단해서인지 '로뎀나무 아래'가 계속 생각이 되었다. 그렇다면 '나의 로뎀나무 아래는 어디일까? 나는 어디에서 쉬고 회복을 할 수 있을까?'라는 질문을 나에게 던져 보았다. 내가 휴식을 할 수 있는 장소는 기도를 할 수 있는 '기도의 골방'이다. 그곳은 교회가 될 수도 있고, 집이 될 수도 있다.

로뎀나무 아래에서 엘리야가 천사의 어루만짐을 받았듯이, 나 또한 새벽 시간에 기도하면서 하나님의 어루만짐을 받는다. 하나님은 나의 마음이 무너지고 힘들 때마다 나를 붙들어 주시고 그분의 손으로 어루만져 주신다. 그러하기에 내가 이 자리에서 이렇게 기도하며 신앙 일기를 쓸 수 있는 것이다.

하나님, 신앙의 고비가 올 때마다 특별한 은혜로 함께해 주셔서 감사합니다. 갓 태어난 아기가 부모의 세심한 손길이 필요하듯이, 저도 당신의 손길이 필요합니다. 날마다 주의 강한 손으로 붙들어 주셔서 온전한 믿음으로 나아갈 수 있게 하소서.

너와 같이 주는 것이 내 뜻이니라 마태복음 20:14

추워진다는 일기 예보가 사람의 마음조차도 얼어붙게 한다. 겨울은 부유한 자에게는 따뜻함과 여행 및 동계스포츠의 즐거움을 제공하는 계절이지만, 가난한 자에게는 추위와 배고픔을 뼈저리게 느끼게 하는 시기이다. 봄과 여름 그리고 가을이 지난 후에 겨울이 찾아오듯이 우리 인생에도 겨울이 찾아온다. 지혜 있는 자는 겨울을 잘 준비해야 하리라 생각한다.

12월은 모두의 마음이 분주한 달이다. 학교에서 교사들은 성적처리 및 학년을 마무리하는 작업을 해야 한다. 나는 교무부장으로서 2018학년도를 마무리하고 2019학년도 교육과정을 준비해야 하기에 다른 교사들보다 더욱 바쁘다.

그리고 겨울을 대비해서 가정에 필요한 것들을 챙기고, 중3 딸을 위하여 인터넷 강의를 등록하고 고1 준비를 서두르고 있다. 집안일은 아무리 해도 표가 나지 않으며 돌아서면 또 다른 일들이 기다린다. 때로는 너무 정신없이 사는 내가 불쌍할 때도 있지만, 나로 인해 아내와 자녀들이 행복할 수 있다면 기꺼이 그 일을 감당할 것이다.

퇴근 후에는 친구를 만나서 내가 처형에게서 얻어온 '김장김치 한 통'을 나누어 주었다. 처형과 형님이 수고해서 담근 너무나도 소중한 김장김치였지만 친구와 좋은 것을 나누고 싶었다.

그 친구가 저녁을 사겠다고 하여 '감자탕 가게'에서 식사를 했다. 맛있는 식사를 하면서 인생 이야기 및 자녀 교육 등의 대화를 나누었다.

부모들은 똑같이 자녀들이 그냥 평범한 학생으로서 열심히 공부해 주고, 대학을 졸업한 후에는 사회에서 당당하게 자리매김을 해주기 바란다.

마태복음 20장 14-16절에 "네 것이나 가지고 가라. 나중 온 이 사람에게 너와 같이 주는 것이 내 뜻이니라. 내 것을 가지고 내 뜻대로 할 것이 아니냐? 내가 선하므로 네가 악하게 보느냐. 이와같이 나중 된 자로서 먼저 되고 먼저 된 자로서 나중 되리라."라는 말씀이 있다.

성경에 의하면 포도원 주인은 이른 아침, 오전 9시, 12시, 오후 3시, 오후 5시에 온 일꾼들에게 각각 똑같은 품삯을 주었다. 그러자 민저 온 자들이 품삯을 받은 후에 집주인을 원망하며 "나중 온 이 사람들은 한 시간밖에 일하지 아니하였거늘 그들을 종일 수고하며 더위를 견딘 우리와 같게 하였나이다."라는 불평을 했다.

위의 말씀에 따르면 천국은 사람들의 공로에 의해 좌우되지 않고, 오직 하나님의 절대적인 은혜에 따라 베풀어진다는 것을 우리는 알 수 있다.

그리고 아침부터 포도원에서 일한 자나 일과가 거의 끝날 무렵에 들어온 자가 똑같은 품삯을 받았듯이, 먼저 믿은 자나 나중 믿은 자가 누리는 구원의 복과 은혜는 같음을 우리에게 시사해 준다. 결론적으로 포도원 품꾼의 비유는 "하나님 나라는 하나님의 조건이 없는 은혜로 베풀어지는 것이나 순종의 여부에 따라 주어지는 나라이다."라는 것을 말한다.

하나님, 감히 받을 자격도 없는 내가 당신으로부터 아무런 값없이 믿음으로서 '구원의 선물'을 받았습니다. 그러므로 오늘도 그 구원의 은혜에 감격하여, 감사하고 찬양하며 살아가는 하루가 되게 하소서.

내게 있는 것을 네게 주노니 사도행전 3:6

무엔가 모를 책임감이 나를 깨우는 새벽이다. 언제부터 살이 찌기 시작했는지는 정확하게 모르겠지만 전에는 전혀 신경 쓰지도 않았던 일들이 이제는 심각한 고민거리로 자리 잡기 시작했다. 그리고 나이가 들어가면서 눈이 나빠지고 살이 찌는 등 신체의 급격한 변화들이 나를 우울하게 만든다. 이러한 건강의 적신호들은 나를 긴장하게 하고, 좀 더 건강관리를 잘해야겠다는 생각을 하게 한다.

지난 토요일 오후에는 내가 교사로서 첫 발령이 나서 가르쳤던 6학년 제자의 동생결혼식에 다녀왔다. 그리고 그곳에서 내가 아끼던 또 다른 제자 한 명도 만났다. 이제는 아이를 둘씩 둔 그 제자들을 보며 과거의 아련한 추억들이 되살아났다. 세월의 빠름과 무상함을 느꼈던 시간이었다.

지난 월요일에는 오래간만에 체육 시간에 ○○와 이야기를 나누게 되었다. ○○는 오랫동안 학교를 쉬어서인지 얼굴에 살도 붙고 배도 조금은 나와 무척이나 편안하게 보였다. 나는 ○○에게 "요즘 친구들과 싸우지도 않고, 이렇게 학교생활을 잘하니?"라고 물었다. ○○는 "이젠 화가 나도 참고, 약도 먹고 있지만 1~2학년 때에 먹던 약한 약을 먹고 있어요."라고 대답했다.

학교에 있는 모두가 ○○가 변하는 것은 불가능하다고 했을 때, 나는 기도하면서 하나님께서 ○○를 변화시켜 주실 것이라고 믿었다. 다른 이들은 우연히 좋아졌다고 생각하겠지만 믿고 기도했던 나는 하나님께서 분명히 함께하시고 역사하셨다는 것을 믿어 의심치 않는다. 나는 ○○를 꼭 안아주면서 "○○야, 선생님은 네가 참으로 기특하게 여겨진다. 앞으로 더 잘하자."라는 말을 건네었다. 교사로서 참으로 보람되고 행복한 시간이었다.

어제는 조금 늦게까지 학교에서 '교육과정 워크숍' 준비 때문에 일하다가 배구를 하러 갔다. 땀 흘리며 운동을 한 후에 후배 선생님의 식사를 하자는 제안에 그렇게 하겠다고 했다.

그러나 차에 타자 배도 고프지 않고 학교 일도 집에 가서 해야 했기에 후배 선생님에게 못 간다는 문자를 남기고 집으로 향하였다. 거의 집에 도착할 즈음에 후배로부터 전화가 왔다. "형님, 밥 시켰는데 빨리 오셔요."라는 내용의 전화였다. 나는 미안한 나머지 차를 돌려 식당으로 향했다. 그곳에는 나 외에 7명이 식사를 하고 있었다.

마주 앉은 선생님이 술을 권했지만 나는 요즘 신앙생활을 아주 열심히 하기에 술을 하지 않는다고 하며 술을 사양했다. 그분도 자신도 신앙생활을 한다고 이야기하며 반가워했다.

식사 후에는 1시간 30분 정도 당구를 친 후에 나와 신앙 이야기를 나눈 선생님과 집이 같은 방향이라 차를 함께 타고 오게 되었다. 대화를 나누는 도중에 나는 오늘의 만남이 하나님의 계획 속에 있다는 것을 깨닫게 되었다. 나는 신앙적으로 삶을 나눌 수 있는 신앙의 좋은 동지를 만날 수 있어서 마음이 행복했다.

사도행전 3장 6절에 "베드로가 이르되 은과 금은 내게 없거니와 내게 있는 이것을 네게 주노니 나사렛 예수 그리스도의 이름으로 일어나 걸으라 하고."라는 말씀이 있다. 이 말씀을 되새기며 '내가 가진 것이 무엇일까?'라고 마음속으로 생각해 보았다.

세상의 시각으로 볼 때, 나는 권력이 많은 것도 부자인 것도 아닌 인생의 많은 실패를 경험한 평범한 교사일 뿐이다. 하지만 내 마음에는 이 세상 그 무엇과도 바꿀 수 없는 소중한 이 천지를 창조하신 하나님이 계시다.

갑자기 어제 기독교방송을 통해서 간증하신 목사님의 이야기가 떠오른다. 단지 예수를 믿는다는 이유만으로 상급자에게 모진 핍박을 받았던 그가 다른 부대의 '군종병'으로 가게 되었다는 이야기였다. 그는 그런 하나님의 은혜를 경험하면서 "하나님, 나를 잊지 않으셨고, 여전히 나를 사랑하시는군요."라는 고백을 했다고 한다.

하나님, 왜 하나님이 부족하고 연약한 저를 잊지 않으시고 회복시키시며 사랑해 주시는지 알지 못합니다. 오늘도 미련한 인생을 말씀 속에 깨닫게 하시고 하나님이 기뻐하시는 일들을 감당하는 하루가 되게 하소서.

자기 아들을 아끼지 아니하시고 로마서 8:32

새벽을 소유할 수 있다는 것은 큰 축복인 것 같다. 누구에게도 그 어떠한 일에도 방해받지 않고 고요한 시간에 하나님과 만나며 내가 좋아하는 글을 쓴다는 것은 가슴 설레는 일이다. 목사님의 설교 말씀을 듣고 조용히 하나님의 사랑과 말씀을 묵상하다 보면 세상의 번뇌와 고통은 사라지고 평안만이 나의 마음과 삶을 지배하는 것을 경험하게 된다.

어제 다른 학교에 근무하는 친구가 나에게 "학교가 왜 이렇게 바쁜지 모르겠다."라는 말을 들었다. 나는 "늘 그렇지 않았냐?"라고 친구에게 대답했다. 가끔은 학교생활을 하면서 주객이 전도되는 일들을 많이 경험하게 된다.

교사들은 학생들을 위해서 있고 그들을 위해서 학습지도와 생활지도를 한다. 하지만 가끔은 쏟아지는 일들에 치이어서 정작 시간을 갖고 지도해야 할 아이들은 뒷전일 때가 있다. 이것은 다른 기업이나 관공서에서도 예외는 아닐 것이다.

교육에도 '교육철학'이 있듯이 국가나 기업의 경영자도 올바르고 분명한 철학이 있어야 한다고 생각한다. 그래서 생명을 경시하고 기업의 이윤과 개인의 사익만을 추구하는 우리 사회의 그릇된 물질만능주의 풍조는 비판을 받고 사라져야 할 것이다.

퇴근하는 길에 가족과도 같은 부동산 사장님 사무실에 들렀다. 너무 힘들어서 잠시 있다가 가려고 했는데 이야기하다 보니 조금은 대화시간이 길어졌다. 나는 사장님에게 이제는 좀 더 신앙생활을 열심히 해서

'신앙의 도약'을 이루어야겠다고 말했다.

그러자 사장님은 자신의 개인적인 삶을 언급하시면서 "이 정도로도 충분하니 만족하세요."라고 말씀을 했다. 나는 늘 부족하다고 생각하는데 사장님은 내가 나름 최선의 삶을 살고 계신다고 생각하시는 것 같았다.

로마서 8장 32절에 "자기 아들을 아끼지 아니하시고 우리 모든 사람을 위하여 내주신 이가 어찌 그 아들과 함께 모든 것을 우리에게 주시지 아니하겠느냐."라는 말씀이 있다. 나는 내게 주신 하나님의 용서하심과 은혜가 너무나도 크기에 부족하지만 날마다 나 자신을 부인하고 내게 주어진 십자가를 지고 남들이 잘 가지 않는 좁은 길을 걸어가고자 한다.

사실 힘들고 지쳐서 포기하고 싶을 때도 많이 있다. 하지만 하나님께서는 넘어지려고 할 때마다 다시 붙잡아 주시고 '믿음의 길'을 계속 갈 수 있도록 인도하신다. 지난 1년을 돌아보면 '넘어짐과 다시 일어섬의 반복'이었던 것 같다.

새벽 기도회에서 목사님이 "지난 한 해를 되돌아볼 때, 우리 교회가 20%의 성장을 이루었지만 정작 새로 믿는 이는 5명에 불과하다."라고 말씀하시며, 자신은 하나님 앞에서 결코 칭찬은 받지 못할 것이라고 말씀하셨다. 하나님과의 진정한 인격적 만남이 없이 예수님을 증거 할 수는 없다고 생각한다.

그리고 현대사회에서는 더더욱 입술로만 증거 하는 것은 한계가 있다. 우리의 삶의 모습 속에서 살아계신 하나님을 증거 하지 못한다면 '전도의 열매'는 맺어지지 않을 것이다.

하나님, 올 한해 너무나도 부족하지만, 하나님의 살아계심을 증거 하며 '최선의 삶'을 살았습니다. 그리고 직장과 가정에서의 일과 신앙 일기를 쓰는 작은 사역에 너무 지쳐있는 내게 목사님 말씀을 통하여 위로해 주심에 감사합니다.

요한계시록 2장 10절에 "네가 죽도록 충성하라 그리하면 내가 생명의 관을 네게 주리라."라는 말씀처럼 하나님으로부터 내게 주어진 일을 이 땅에서 잘 감당하여 하나님이 부르시는 그날에 '착하고 충성된 종'이라 인정받는 하나님의 자녀가 되게 하소서.

이르되 이는 요셉의 아들 예수가 아니냐 요한복음 6:42

쉴 새 없이 돌아가는 기계의 톱니바퀴처럼 살다 보니, 어느덧 한 해의 마지막인 12월을 맞이하게 되었다. 바쁜 일상생활 가운데에 정작 우리가 소중하게 여겨야 할 가족과 내 주변의 이웃 그리고 소중한 가치인 사랑과 배려를 잊고 살아서는 안 될 것이다.

학기 말이라서 학교 업무 및 성적처리 등의 업무들을 처리하기에 몸과 마음이 버겁다. 모든 이들이 바쁜 이 시기에 좀 더 서로를 배려하는 행동과 말이 필요한 것 같다. 그리고 바쁜 나머지 자신이 함부로 내뱉은 말 한마디에 상대방은 마음에 큰 상처를 입을 수 있다는 것을 잊지는 말아야 할 것이다.

지난 목요일에는 6학년 아이들에게 졸업을 축하하는 의미로 나의 작은 마음을 담아서 '컵라면 파티'를 해주었다. 자비를 들여서 컵라면을 사고 포터에 뜨거운 물을 끓여서 아이들에게 일일이 물을 부어 주었다. 어떤 아이는 물 표시가 되어있는 곳까지 또 어떤 아이는 물을 좀 더 많이 부어 줄 것을 원했다.

내가 가르치는 아이들은 모두가 다르다. 그들의 다름을 인정하지 않고 교육을 한다면 실패할 수밖에 없다. '현시대의 급격한 변화 속에서 개인의 역량을 키우기 위해서는 어떤 교육이 필요할까?' 한번 고민해 본다.

내 주변의 교사들을 돌아보면 모두가 바쁘다. 특히 유치원 교사들은 초등 교사들보다도 더 바쁜 것 같다. 교사가 여러 가지 업무로 바쁘다 보면 학생들에게 소홀히 할 수밖에 없다. 나의 지극히 개인적인 생각이지만 '업무의 간소화와 교사의 여유가 없는 한, 우리 교육의 발전은 더디지 않을까?'라고 생각해 본다.

학교에서는 행복한 아침을 열기 위해 학생들을 맞이하는 '아침맞이'가 있듯이, 나는 퇴근 후에 아내를 위한 '저녁맞이'를 한다. 그래서 집에 오면 먼저 집안의 지저분한 것들을 정리한다. 그리고 시간이 되면 설거지를 하고 밥도 미리 해놓는다.

20년 이상의 결혼 생활을 하면서 아내에게 고단함만 안겨주었기에 미안한 마음에서 그러한 것도 있지만, 아내와 나의 자녀들이 나의 자그마한 수고로 행복했으면 하는 마음이 가장 큰 이유이다.

요한복음 6장 42절에 "이르되 이는 요셉의 아들 예수가 아니냐? 그 부모를 우리가 아는데 자기가 지금 어찌하여 하늘에서 내려왔다 하느냐?"라는 말씀이 있다. 예수님은 고향에 와서 안식일 날 회당에서 가르치실 때 많은 사람이 예수님의 지혜와 그 손으로 이루어지는 권능을 보고 놀란다. 하지만 예수님의 가족관계와 성장 배경을 잘 알고 있던 고향 사람들로부터는 배척을 당하게 된다.

나 또한 부와 권력을 가지고 있는 사람은 아니다. 그저 아이들을 가르치는 평범한 교사일 뿐이다. 그러나 나는 하나님 안에서 꿈을 꾼다. 그리고 하나님께서 나를 통해서 이루고자 하시는 것을 이루어 가고 싶다.

어제 딸을 위해서 고1 예비반을 위한 'winter school'에 등록하기 위해서 학원에 상담을 받으러 갔다. 약간은 나이가 지긋한 분과 상담을 하게 되었는데, 학원에 관해서도 이야기했지만, 젊은이들에게 희망을 주지 못하는 한국 사회에 대해서도 염려하고 걱정하는 대화도 나누었다. 이 땅의 젊은이들뿐만 아니라 소망이 없이 살아가는 한국 사회에 하나님의 말씀이 꼭 필요하다는 생각이 들었다.

하나님, 제가 많은 것을 감당하지는 못하지만 제가 서 있는 이곳에서 하나님이 주신 작은 사명을 잘 감당하게 하소서. 하나님이 저에게 참된 소망과 기쁨을 허락하셨듯이, 저 또한 이웃에게 생명 되시고 소망이 되어주시는 예수님을 전하는 복된 삶을 살게 하소서.

피차 안위함을 얻으려 함이라 로마서 1:12

새벽에 꿈을 꾸다가 내가 맡겨 놓은 차가 없어졌다는 말에 충격을 받는 장면에서 눈을 뜨게 되었다. 사람들은 생각이 많거나 스트레스가 많을 때 '쫓기는 꿈'과 같이 이러한 꿈을 꾸게 되는 것 같다. 꿈을 통해서 '내가 요즈음 학교 일과 여러 가지 생각으로 힘들구나.' 하는 생각을 하게 되었다.

월요일부터 오늘까지 초등 1급 정교사 연수를 떠난 선생님을 대신해서 5학년 2반을 맡게 되었다. 담임도 하고 교무로써 학교 일도 처리하려고 하니 학교에 가면 숨 쉴 틈도 없이 바쁘다.

하지만 지금도 '아이들의 환한 미소'와 '따뜻한 언어'를 생각하면 내 입가에는 미소가 저절로 번진다. 내가 교직에 발을 디딘 후부터 늘 믿고 있는 한 가지는 진실한 마음은 통한다는 것이다. 그래서 아이들을 향해 편견을 갖지 않고 진실한 마음으로 대하기 위해 노력한다.

나는 전담 교사로서 학생들을 가르치지만, 마음만은 항상 담임교사로 생각하며 아이들을 나의 자식처럼 여기며 교육한다. 그러한 것을 아는지 아이들도 학교 어디에서나 나를 보면 환호하며 좋아한다. 아이들의 재잘거림과 웃음소리가 한데 어울려 학교와 교실을 천국으로 만든다.

어제 오후에 '졸업식장'을 마지막으로 정리하고 교무실로 오는 길에 며칠 동안 신앙 일기를 보내 드렸던 선배님으로부터 전화가 왔었다. 그리고 "왜 요즘은 신앙 일기를 안 보내나요?"라고 물으셨다. 나는 "그동안 너무 무리하게 글을 쓰느라 힘들어서 쉬고 있다."라고 말씀드렸다. 덧붙여서 나의 글이 '마음을 움직이는 글'이라며 극찬을 해주셨다.

요즈음 인격이 수반되지 않는 나의 삶을 돌아보며 약간은 낙심된 마음을 가지고 있었는데, 선배님의 따뜻한 격려의 말씀이 내게는 무척이나 큰 힘이 되었다. 이렇게 기뻐하는 나를 보며 다시 한번 '칭찬과 격려의 중요성'을 깨닫게 되었다.

로마서 1장 11-12절에 "내가 너희 보기를 간절히 원하는 것은 어떤 신령한 은사를 너희에게 나누어 주어 너희를 견고하게 하려 함이니. 이는 내가 너희 가운데서 너희와 나의 믿음으로 말미암아 피차 안위함을 얻으려 함이라."라는 말씀이 있다.

지난해를 되돌아볼 때 내가 신앙적으로 회복될 수 있었던 것은 두 가지로 말할 수 있을 것 같다.

첫째는 예배이다. 지난해 2월 말부터 현재 등록한 교회를 다니기 시작하면서 목사님의 말씀을 통해서 마음이 회복되기 시작했다. 목사님의 설교 말씀이 매주 하나님이 나에게 말씀하시는 그 말씀 즉 '레마의 말씀'으로 들려오기 시작했다.

금요 철야 기도회와 주일 예배 때마다 '부족하고 보잘것없는 나를 끝까지 사랑한다는 하나님의 음성'에 나는 울지 않을 수가 없었다. 사람들은 외모를 보고 판단하지만, 나의 아버지가 되는 하나님은 항상 나의 중심을 보심을 믿는다. 하나님의 조건 없고 제한 없는 그 사랑이 내가 지금 글을 쓰게 하는 원동력이 되었다.

둘째는 교제이다. 짧았지만 목사님 부부와의 교제를 통해서 많은 위로를 받았고, 아내 친구들과의 만남을 통해서도 하나님의 사랑을 다시금 깨닫는 시간이었다. 또한, 교회 등록도 안 했지만 내가 속한 모임의 예배와 교제를 통해서도 많은 섬김과 사랑을 받았다.

사도바울도 사역하는 동안에 힘들고 외로웠을 것이다. 그래서 그 또한 믿음의 성도들과 교제를 통해서 위로를 받고 싶다고 말했다. 현대인들의 삶은 참으로 고독하다. 특히 한국에서 살아가는 우리들의 모습을 보면 안타까울 때가 많다.

하나님, 내가 외로울 때 하나님이 나의 따뜻한 친구가 되어준 것처럼, 나 또한 인생길에 외롭고 힘들어하는 사람들의 친구가 되어줄 수 있게 하소서. 그리고 오늘도 제가 살아가는 직장과 가정 그리고 작은 모임들 속에서 서로 배려하고 이해해 줄 수 있는 '아름다운 사랑의 불씨'가 되게 하소서.

5부 심지가 견고한 자를 지키시는 하나님

바리새인과 헤롯의 누룩을 주의하라 마가복음 8:15

어제는 육상부 학생들을 인솔하여 종합운동장에서 개최되는 육상대회에 참가했다. 우리 학교의 위치가 운동장까지 걸어서 갈 수 있는 곳이라서 편리했다. 아이들과 함께 운동장에 들어서자 넓은 공간으로 인해 가슴이 확 뚫리는 느낌을 받았다.

대회 시간이 가까워지자 운동부 어머니들도 한 둘씩 보였다. 그중에 한 학부모는 전 근무지 학교에서부터 알고 있는 분이라서, 편하게 대화를 나누었다.

이 땅에 사는 부모들은 똑같이 자식들이 공부를 잘해서 잘되기를 바라는 마음을 가지고 있다. 그래서 매일같이 어떤 학원을 보내야 하는지, 그리고 어떤 상급 학교를 보내야 하는지 염려하고 애를 쓴다. 하지만 자식들이 부모의 뜻대로 움직여 주지는 않는다. 나 또한 지난 긴 세월 동안 자녀 양육에 힘썼지만, 우리 아이들이 내가 원하는 방향으로 이루어진 것은 단 하나도 없다.

하지만 하나의 교훈은 얻게 되었다. '가화만사성'이란 한자성어가 있듯이 가정이 화목하고 부모가 본이 되는 삶을 살면 자식들은 그릇된 방향으로는 나가지 않는다는 것이다.

요즈음 학교에서 쉽게 '결손 가정'을 볼 수가 있다. '결손 가정'의 아이들은 정서적으로 안정되어 있지 못하고, 학교생활에도 잘 적응을 못 한다. 그러므로 이 시대에는 무엇보다 가정이 바르게 세워지는 것이 절실하다.

그러나 부득이하게 '결손 가정'의 아이들이 생길 경우는, 그 아이들이 바르게 성장할 수 있도록 이웃들과 지역사회가 관심을 가지고 아이들을 돌보아야 할 것이다.

상처받은 아이들은 사회의 무관심 속에서 마음이 지치고 병들어 자신의 인생을 함부로 살게 된다. 그러므로 우리는 그 아이들을 위하여 현재에 사랑과 정성을 아끼지 않고 쏟아야 할 것이다.

성경으로 돌아와서 마가복음 8장 15절에서 예수님은 "바리새인과 사두개인의 누룩을 주의하라."라고 말씀하셨다. 바리새인들은 사람들에게 보이기 위해 기도하고 금식하며 구제하는 삶을 살았다. 예수님은 바리새인들을 가리켜 '회칠한 무덤'이라고 말씀하셨다.

우리도 교회 생활을 오래 하다 보면 이러한 '외식 주의에 빠진 종교인'이 된다. 이러한 형식주의 신앙인이 되지 않기 위해서는 날마다 말씀과 기도 속에서 자신을 성찰하고 하나님의 음성을 들을 수 있어야 할 것이다. 귀가 있어도 듣지 못하고 눈이 있어도 보지 못하는 '영적인 장애인'이 되어서는 안 될 것이다.

다음으로 사두개인들은 예루살렘의 귀족이나 대제사장들로서, 당시 권력자들과 손을 잡고 부귀와 권세를 누렸다. 이들은 하나님의 약속을 불신하고 오로지 현실의 영화와 부에 관심을 가졌다. 이들은 세속주의자요, 기회주의자들이었다. 그들은 부활, 그리고 영 또는 천사도 믿지 않았다. 이들은 자신의 욕망만을 채우기 위해 사는 자들이었다.

지금 한국교회는 '세속주의'에 물들어 있다. 교회가 돈과 명예를 중요시하고, 세상의 가치관에 물들어 있다면 주님이 원하시는 빛과 소금의 사명을 이 땅에서 감당하지 못할 것이다.

마지막으로 예수님은 제자들이 자신과 함께 '오병이어'의 기적을 체험하고도 여전히 '떡'의 문제로 수군거리는 것을 보고 그들의 깨닫지 못함을 안타까워하셨다. 하지만 제자들의 모습이 오늘날을 살아가는 우리들의 모습임을 부인할 수 없다.

이 시대를 살아가는 우리는 말씀의 홍수 속에 살고 있다. 그러나 말씀의 씨앗이 우리의 마음에 떨어지기는 하지만 열매는 맺지 못하는 삶을 살고 있다. 내 마음에 뿌려진 씨앗이 열매를 맺기 위해서는 내 마음이 옥토와 같아야 한다. 옥토 같은 마음이 되기 위해서는 날마다 하나님 앞에 나아가서 자신의 죄를 회개하고 마음을 정결하게 해야 한다.

오늘은 새벽 기도회에 나갈 때, 사모하는 마음 없이 담담한 마음으로 나갔다. 목사님의 설교 말씀을 들은 후 멍하게 잠시 있었다. 그러나 기도하기 시작하면서 하나님의 은혜가 물밀듯 밀려와서 시간 가는 줄도 모르며 기도했다.

하나님 앞에 나아갈 때마다 부족한 인생임을 고백한다. 하나님은 나의 외롭고도 쓸쓸한 모든 마음을 내려놓으라고 말씀하신다. 나의 마음은 '사시사철', 그리고 매 순간 변하지만, 하나님은 한결같은 마음으로 나를 사랑하신다. '그러한 은혜를 받은 내가 어떻게 감사하지 않으며 살아갈 수 있겠는가?'

내게는 아침밥을 먹는 시간보다 기도하는 마음으로 글을 쓰는 이 은혜의 시간이 더욱 행복하고 소중하다. 내가 믿는 하나님은 소설 속의 하나님이 아닌 것을 확신한다. 그분이 오늘도 나의 삶에 역사하셔서 기적을 행하시길 기도한다.

소원을 두고 행하게 하시니 빌립보서 2:13

오래간만에(몇 년이 지났는지 기억이 안 남) 고향에 사는 조카에게 전화하며 안부를 물었다. 사람은 자신이 하는 일이 잘 풀리고 경제적으로 여유가 있을 때, 만남을 갖고 싶어 한다. 그렇지 못하면 사람들은 움츠러들고 자기만의 공간과 세계 속으로 숨고자 한다.

나 또한 하나님의 은혜가 임하기 전까지는 한마디로 피폐한 삶을 살았다. 나 자신을 둘러싸고 있는 모든 것이 싫었고 우울한 하루하루를 보내었다. 그러다 보니 친척들에게도 연락하기가 싫어 연락을 거의 끊고 살았다. 나뿐만 아니라 오늘도 여전히 그러한 피폐함과 우울함 속에 갇혀서 살아가는 사람이 많을 것이다.

최근에 서울의 아파트 가격이 몇억씩 상승했다는 뉴스를 접했다. 하지만 내가 사는 지역의 사람들은 상대적인 빈곤과 박탈감을 느끼고 있다. 이같이 세상으로부터 들려오는 소식의 대부분은 우리를 절망하게 하고 슬프게 한다.

이러한 소망이 없는 시대를 살고 있기에 더욱더 예수님의 복음은 더욱 빛을 발하고 소중한 것 같다. 성경은 잠시 머물고 갈 이 땅에 소망을 두고 살지 말라고 말하고 있다. 물론 부와 명예가 중요하지 않다는 것이 아니다. 다만 그러한 것이 우리 삶의 행복을 보장해 주는 충분조건은 아니라는 것이다. 예수님을 만날 때 우리 인생은 이 땅에서 소망을 갖고 살아갈 수 있을 것이다.

이전에도 나는 예수님을 믿고 있었지만 깨닫지 못한 부분이 많다. 그리고 내가 살아가는 '죄의 굴레'에서 벗어나고자 발버둥 쳤지만 헤어나오지 못했다. 하지만 이제 하나님이 내게 은혜를 폭포수같이 부어 주셔서, 내 마음에 하나님의 영광과 잃어버린 영혼 구원에 대한 소원을 두며 순종하는 삶을 살아가게 되었다.

그리고 그러한 마음이 강요된 것이 아니라 내 마음속 깊은 곳에서부터 샘물 솟듯이 솟는다는 것이다. 내가 신앙 일기를 쓰고 내 주변에 있는 사람들과 나누는 것은, 내 주변의 소중한 사람들이 '예수님이 곧 길이요 진리요 생명'임을 깨닫고, 예수님을 구주로 영접하여 하나님이 주시는 참된 기쁨과 행복을 누리게 되기를 원하기 때문이다.

우리는 물질주의와 개인주의의 팽배로 인해 올바른 가치관이 상실된 시대를 살고 있다. 현대인들은 외롭다 못해 고독하다고 생각한다. 그러하기에 개와 고양이 같은 애완동물을 통해 위로를 받고자 하는 것인지 모른다.

이러한 시대이기에 자녀들과 후대를 위해서는 성경을 통해 진리를 알고 올바른 가치관을 전수해 주어야 할 것이다. 그래서 악하고 험악한 세상을 능히 이겨내고 살아가기 위해서는 하나님과 성경 말씀이 필수적이라고 생각한다.

오늘은 특별 새벽 기도회에 참석하기 위해 새벽 4시에 일어났다. 이것저것 준비해서 엘리베이터를 타고 내려가는데 아내에게서 같이 가자는 전화가 왔다. 나는 다시 집으로 돌아와 소파에 앉아 아내가 나오기를 기다렸다.

이제 준비가 다 된 것 같아서 집을 나서려고 하는데, 아내가 커피를 타야 한다고 말했다. 갑자기 마음 깊은 곳에서 분노가 치밀어 올랐다.

새벽 기도회에 늦지 않게 가려고 일찍 일어나 준비했는데, 늦게 되어 목사님 설교 말씀을 못 들을지도 모른다는 생각에 너무 화가 났다.

운전하며 교회로 가는 내내 화를 죽이지 못했다. 화를 낸다고 상황이 바뀌지도 않고 아내가 함께 가는 것에 감사해야 할 터인데, 화를 내는 자신이 어리석다는 생각이 들었다. 아직 인격이 덜된 나 자신을 바라보며 마음을 다스리는 훈련을 더 해야겠다고 다짐했다.

시간은 흘러 교회에 도착했고 마음은 진정이 되었다. 자리가 없어서 교회의 앞자리에 가서 앉았다. 목사님은 요한복음 2:1-12의 말씀을 가지고 설교를 하셨다. 그리고 "내 소원 속에서 하나님의 소원을 보아야 영적인 철이 든 것이다."라는 메시지를 전해 주셨다.

내가 원하는 삶은 신앙 일기를 이웃과 나누며, 상처가 있는 사람의 삶을 예수님의 말씀과 사랑으로 치유해 주는 것이다. 또한, 성경을 좀 더 연구하고 강의도 했으면 한다. 그래서 기회가 되면 신학이나 기독교 교육학도 공부했으면 한다.

내가 탁월한 능력이 있는 것은 아니지만 주변에 있는 교회의 모습을 볼 때, 안타까울 때가 많다. 좀 더 경건의 훈련을 쌓고 영적인 성숙의 단계에 이르러서 어려움에 부닥친 교회에 조금이나마 도움이 되는 역할을 감당했으면 한다. 앞으로의 인생에 하나님이 어떠한 방향으로 이끌어 가실지는 몰라도 하나님의 부르심에 응답하고 순종하는 삶을 살아가길 간절히 원한다.

하나님, 오늘 살아서 숨 쉬고 사랑의 말을 고백하며 이웃과 아름다운 교제가 있게 하시니 감사합니다. 저에게 주어진 삶을 감사하며 하나님과 동행하며 믿음을 가지고 하나님의 약속 위에 서서 나아가는 하루가 되기를 기도합니다.

염려하지 않는 삶을 살라 마태복음 6:25

그저께 개인적인 일이 있어서 서울역 근처를 다녀왔다. 그곳에 아직
서 있는 옛 서울역 건물과 새 건물을 보며 세월의 흐름을 느꼈다. 그리
고 그 주변에는 지저분한 옷을 입은 채 박스를 펼쳐서 주무시는 분들도
계셨다. 그분들도 따뜻한 보금자리에서 안식을 누렸으면 하는 마음이
들었다.

그리고 서울역 안에서는 장애인등급제를 비판하는 장애인들의 집회
가 열리고 있었고, 주변에는 경찰들이 서 있었다. 정부에서는 나름 고민
해서 정책을 내놓겠지만 그러한 정책들이 실제로 혜택을 받는 이들에
게는 만족스럽지 못한 것 같다. 그래서 모든 정책을 시행하기 전에는 좀
더 정책에 영향을 받는 이들의 목소리에 귀 기울이고 그 현장을 주도면
밀하게 살피는 노력이 필요한 것 같다.

어제는 기독교방송을 보다가 아프리카 잠비아에 사는 13살의 '림포'
라는 아이에 대한 사연을 접하게 되었다. 그 아이는 한쪽 눈이 실명하는
장애로 인해 마을 사람들에게 '인간 같지 않은 놈'이라고 취급당하며 살
고 있다가, 결국에는 아버지가 돌아가신 후에 가족들과 함께 살고 있던
마을에서 쫓겨났다.

그 후에 그 아이는 부실한 몸으로 할머니, 어머니 그리고 여섯 명의
동생들을 부양하는 가장으로서 가정일과 나무를 하는 등의 험한 일을
하며 생계를 유지하며 살았다.

그 아이를 방문하신 목사님은 그와 함께 허름한 예배당에 들어가서,

두 손 모아 기도를 하였다. 그 아이는 이웃을 사랑하고 하나님을 높이는 삶을 살게 해달라고 기도했다. 그리고 눈이 실명되어서 하나님을 원망하지 않느냐는 질문에 그냥 받아들인다고 대답하였고 자신을 저주한 마을 사람들도 용서한다고 말했다.

방송을 진행하던 두 MC와 그 아이와 만났던 목사님은 눈물을 하염없이 흘리셨다. 나도 순수하고도 거룩한 아이의 마음에 감동되어 눈시울을 적셨다. 그리고 좀 더 내 주변과 가난한 이웃을 돌아보는 삶을 살아야겠다는 다짐을 했다.

두 번째로 방송에서 '조셉 프린스' 목사님의 '은혜'라는 설교를 시청했다. 마태복음 6장 25절에서 예수님께서 "목숨을 위하여 무엇을 먹을까 무엇을 마실까?, 무엇을 입을까?" 하며 염려하지 말라고 하셨다. 그리고 그 염려함이 하나님께로 오는 축복의 통로를 막는다고 말씀하셨다.

우리는 인생을 살아가면서 자녀와 경제 그리고 인간관계의 문제 등으로 늘 염려하며 살아가고 있다. 이러한 것은 하나님을 믿는 신앙인들에게도 예외는 아닌 것 같다. 사실 염려한다고 우리의 삶의 문제가 해결되는 것은 아니라는 것은 우리는 알고 있다.

그러므로 근심 걱정과 염려 속에서 해방되고 하나님의 축복 가운데에 살기 위해서는 하나님 앞에 우리의 모든 짐을 내려놓고 그분의 손에 맡기는 작업이 필요하다.

하나님, 지금 여기까지 인도하여 주심에 감사합니다. 내일 일을 염려하지 말게 하시고 광야에서 이스라엘 백성에게 주셨던 만나처럼 날마다 만나와 같은 하나님의 은혜로 살아가게 하소서.

남에게 대접을 받고자 하는
대로 너희도 남을 대접하라 마태복음 7:12

그저께 체육 수업 시간에 사용했던 조끼를 세탁하기 위해서 세탁기가 있는 급식소에서 일하시는 조리 종사원 어머님께 부탁을 드렸다. 그날 오후에 찾아가기로 했는데 깜빡하고 찾아가지 못해서 어제 조끼를 찾아 왔다. 조리 종사원 어머님은 조끼를 가지런하게 잘 개어서 바구니에 담아 두고 계셨다.

감사한 마음에 근처 편의점에 들러서 커피를 사다 드렸다. 작은 커피 하나이지만 그분들은 고마워하셨고 얼굴에는 웃음꽃이 피었다. 나는 보이는 곳에서 우리 아이들을 위해서 최선을 다하시는 그분들에게 항상 감사하는 마음을 가지고 있다. 그래서 복도나 계단에서 마주칠 때마다 존경하는 마음으로 인사를 한다.

이분들 외에도 학교나 이 사회의 곳곳에서 묵묵히 자신이 맡은 일을 감당하는 분들이 많으리라 생각한다. 그러하기에 이 나라가 여러 가지의 어려움 가운데에서도 굳건히 서 있을 수 있다.

누구나 하루를 정신없이 바쁘게 살아가다 너무 힘들어서 자신이 서 있는 자리를 박차고 달아나고 싶을 때가 있을 것이다. 그것은 그만큼 우리의 삶의 무게가 무겁기 때문일 것이다.

하지만 우리는 사람과 사람 사이의 관계 속에서 힘을 얻고 위로를 받는다. 그래서 서로에게 건네어지는 작은 미소와 친절은 우리의 삶에 활력을 주고 풍성하게 한다. 그러므로 우리는 우리의 이웃에게 사랑하는 마음으로 좋은 것으로 아낌없이 나누어야 할 것이다.

오늘은 아내가 수학여행을 가는 날이다. 그래서 어제는 퇴근 후에 배구를 한 후에 일찍 집에 귀가했다. '아내에게 무엇이 필요할까?'라는 고민을 하였지만, 딱히 생각나지 않아서 현금만 찾아서 집으로 왔다.

식사 후에 아내가 호텔에서 입을 수 있는 바지를 사기 위해 함께 가자고 하였다. 아내는 아파트 근처에 있는 옷가게에 가서 검정 운동복 바지 하나를 사며 만족해했다.

마태복음 7장 12절에 "그러므로 무엇이든지 남에게 대접을 받고자 하는 대로 너희도 남을 대접하라 이것이 율법이요 선지자니라."라는 말씀이 있다. 예수님도 그러하고 다른 훌륭한 업적을 이루신 분들의 삶도 대접을 받고자 하는 삶은 아니었다. 그분들은 낮은 곳에 내려가서 힘없고 가난한 이들을 섬기셨다. 그러한 삶을 살았기에 그분들은 긴 세월의 흐름 속에서도 기억되고 존경을 받는 것이다.

"가는 말이 고와야 오는 말이 곱다."라는 속담처럼 우리가 사람을 대접할 때, 진실한 마음으로 대접한다면, 상대방으로부터 진실한 대접을 받으리라 생각한다. 타인을 배려하고 진실한 마음으로 살아갈 때 우리가 살아가는 세상은 좀 더 아름다워질 것이다.

하나님, 세상 생각들로 마음이 어지럽고 힘들 때가 있습니다. 하나님께서 주신 평화가 이 마음에 가득할 수 있도록 세상의 것들은 마음속에서 비워지게 하시고 하나님께서 주시는 은혜와 소망으로 가득 차게 하소서. 또한, 하나님께서 제게 주시는 비전으로 인해 꿈꾸는 하루가 되게 하소서.

슬퍼하며 하늘의 하나님 앞에 금식하며 기도하여 _{느헤미야 1:4}

오늘 아침은 마음이 무겁다. 이 글을 계속해서 써야 할지 고민이 많다. 요즘 세간의 중심이 된 사건은 강서구 'pc방 살인사건'이다. 처음 이 사건을 알게 되었을 때, 죽은 아르바이트생이 아들과 비슷한 나이였기에 마음의 충격이 컸었다.

두 번째 충격은 죽은 이가 특별한 원한 관계도 아닌데도 너무나도 잔인하게 살해당했다는 것이다. 그 살해를 당한 아르바이트생을 담당했던 의사가 기록했던 내용은 너무나도 잔인하여 차마 읽을 수도 없을 지경이었다. 오늘 새벽 기도회에 가서 목사님 설교 말씀을 들으면서 내내 그 사건이 떠올라 마음이 힘들고 가슴이 아팠다.

우리는 날마다 우리가 원하지 않음에도 불구하고 사회의 어두운 진실에 직면하게 된다. 이 사건에 대하여 국민청원은 100만 건이 넘었다는 것은 그만큼 국민의 분노가 크다는 것을 대변하고 있다.

나는 왜 이런 사건이 일어났는지 곰곰이 생각해 보았다. 사람들은 경찰들의 대응이 적절하지 못했다고 지적하기도 한다. 그리고 살인 현장에는 지켜보던 사람들도 있었지만, 칼을 들고 광분해 있는 살인자를 막을 수는 없었다. 나 또한 그러한 상황에 놓여 있었으면 신고하는 것 외에는 할 수 있는 일이 없었을 것이다.

그 살인죄는 용서받지 못할 죄이지만 피의자의 삶을 분석해 보면 이런 결과를 초래한 이유를 조금은 알 수 있을 것 같다. 내가 있는 주변의 삶을 보더라도 가정이 깨어지고 부모의 따뜻한 보살핌이 없는 아이들이 많다. '아웃사이더'로 겉도는 아이들은 세상과 부모에 대한 원망을 타인에게 표출한다. 우리 사회에서 일어나는 잔혹한 사건들은 이웃인 우리에게도 책임이 있다는 것을 꼭 기억해야 한다.

느헤미야 1장 4절에 "내가 이 말을 듣고 앉아서 울고 수일 동안 슬퍼하며 하늘의 하나님 앞에 금식하며 기도하여."라는 말씀이 있다. 페르시아 제국의 포로로 잡혀있었던 느헤미야는 형제 중의 하나인 '하나니'로부터 "유다와 예루살렘 사람들이 큰 환난을 당하고 능욕을 받으며 예루살렘성은 무너지고 성문들은 불탔다."라는 소식을 전해 듣게 되었다.

그 소식을 전해 들은 느헤미야는 이스라엘 자손의 범죄를 자신의 죄로 여기고 수일 동안 슬퍼하며 하나님 앞에서 금식하며 기도하였다. 그는 하나님의 말씀에 순종하지 않아서 멸망하게 된 이스라엘 백성을 불쌍히 여기시고 페르시아 '아닥사스다왕'의 은혜를 입게 해달라며 간절히 기도했다.

불가능했던 일이 느헤미야의 간절한 기도로 이루어졌다. '아닥사스다왕'은 술관원장이 된 느헤미야에게 고국으로 돌아가 성을 건축하도록 허가하며 성전을 지을 재료도 허락하는 기적 같은 일이 일어난 것이다.

내가 사는 한국 사회와 교회를 바라보면 마음이 아프다. '아무런 소망도 없이 살아가는 인생들이 얼마나 많은가?' 그러함에도 불구하고 이 사회의 상처를 싸매어주고 치료해 주지 못하는 교회의 모습이 안타깝다. 참으로 이 아픈 현실을 바라보며 느헤미야처럼 기도하는 교회가 되어야 하지 않을까 생각해 본다. 세속주의에 빠진 한국교회가 영적으로 각성하고 일어나야 할 때라고 생각한다.

　하나님, 가슴이 아프고 마음이 무겁습니다. 불과 100일 전에 탕자처럼 방황하던 아무것도 아닌 제가 이 사회의 아픔을 부둥켜안고 기도한다는 것이 가당치 않다는 생각이 듭니다. 하나님이 왜 저에게 이런 마음을 주시는지 알 수가 없습니다.

　하지만 이런 마음이 드는 저 자신을 부인할 수는 없습니다. 왜냐하면, 세상에서 방황하는 영혼으로 살았던 나도, 이렇게 마음 아파하며 기도하는 나도 나 자신이기 때문입니다.

　하나님, 제가 수백, 수천의 영혼을 위하여 기도할 수는 없을지라도 오늘 저에게 맡겨진 한 영혼을 위하여 기도하고 섬기는 하루가 되기를 간절히 소망합니다.

네 이웃을 네 자신과 같이 사랑하라 마가복음 12:31

어제 1교시에는 6학년 1반 체육 수업이 있었다. 전날 산행의 탓인지 다리에 약간의 근육통이 느껴졌다. 남자와 여자 각각 팀을 나누어서 한 경기장에서 공을 2개 가지고 축구를 하게 되었다. 나도 축구를 워낙 좋아하는지라 남학생들에게 축구 경기에 끼워주면 초코파이를 하나씩 돌리겠다고 사정을 하여 경기를 같이하게 되었다.

땀을 '뻘뻘' 흘리며 열심히 뛰었지만, 우리 팀이 4대 2로 지게 되었다. 상대 팀의 학생들은 믿지 않았지만 나는 이길 수 있었지만 봐주었다고 이야기했다.

수업 후 약속대로 나는 편의점에 가서 2+1인 초코파이를 사서 대표 학생에게 주었다. 대표 학생은 "선생님, 우리 반 수업 태도가 좋아서 초코파이를 사주셨다고 말해도 돼요?"라고 물었다. 나는 "그래!"라고 대답해 주었다. 1반 학생들이 1학기보다 수업 태도가 좋아진 것은 확실했기 때문이다.

그 순간에 내가 느낀 것은 담임선생님의 권력과 영향력은 막강하다는 것이었다. 담임선생님에게 인정받기 위해서 그 학생들은 나에게 그렇게 요청했던 것이었다. 자라고 있는 학생들에게 선한 영향력을 끼칠 수 있는 선생님의 위치는 참으로 중요하다고 생각되었다.

퇴근 후 집에 돌아가는 길에 한 5학년 아는 학부모의 전화를 받게 되었다. 그분은 나에게 "중학교 2학년인 둘째 아들이 공부에는 뜻이 없고, 아무런 비전 없는 '싸이클 운동부'가 있는 학교에 가겠다고 하는데, 선생님이면 어떻게 하겠느냐?"고 물었다.

나는 "아이가 그렇게 원하면 시켜보는 것이 좋겠다."라고 답해 드렸다. 내가 아들을 키워 보아서 알지만 억지로 끌고 가서는 좋은 결과를 얻기 힘들다. 쉽지는 않지만, 자녀들이 스스로 자신의 길을 개척해 나갈 수 있도록 하는 것이 현명한 부모의 역할이라고 생각한다.

집에 도착하자 학원 수업이 없었던 딸이 열심히 스마트폰을 하는 듯하였다. 나는 딸에게 있는 반찬으로 대충 저녁을 해결하자고 하였다. 그런데 딸은 다른 메뉴가 없냐고 물었다.

피곤했지만 딸의 요청에 할 수 없이 포장 떡볶이와 어묵을 꺼내어 저녁을 준비했다. 그 전에 마트에서 간단히 장도 보고 저녁 준비하고 먹고 설거지까지 하니 어느덧 8시 30분이 되었다.

주말에 있는 시험 준비를 해야 하는데, 피곤이 물밀듯 밀려왔다. 그리고 '살림을 하는 주부의 저녁은 대부분 이러할 것이다.'라는 생각이 들었다.

스마트폰이 딸의 공부를 방해하는 것 같아서 딸에게 스마트폰을 아빠 방에 두고 공부를 하라고 했다. 그 말을 들은 딸은 화난 표정을 지었다. 자녀들의 스마트폰 사용 문제는 한국에서 자녀들을 키우는 부모들의 공통된 고민일 것이다.

나는 화가 나서 큰 소리로 딸에게 이런저런 이야기(딸에게는 잔소리)를 하기 시작했다. 딸은 내가 하는 여러 가지 질문에 대답도 잘 하지 않았다. 그래서 나는 "앞으로 계속해서 스마트폰 사용 문제로 아빠를 화나게 하면 스마트폰을 정지시키고 주지 않겠다."라고 이야기(딸에게는 협박)했다. 날마다 자녀를 올바르게 양육한다는 것은 쉬운 일이 아니며 무한한 인내가 필요하다.

어제저녁에 일찍 잠자리에 들어서인지 오늘 새벽에 일어나는 것이 어렵지는 않았다. 습관이 무섭다는 생각이 들고 좋은 습관이 우리의 삶을 변화시킬 수 있다는 것을 깨닫게 되었다.

새벽 기도회에 가서 마가복음 12장 30-31절 성경 말씀을 가지고 하시는 목사님의 설교를 들었다. 첫째는 하나님을 마음을 다하고 목숨을 다하고 뜻을 다하고 힘을 다하여 사랑하라는 것이다.

나는 이 말씀을 듣고 '어떻게 그렇게 사랑할 수 있을까?'라고 나 자신에게 질문해 보았다. 하지만 하나님이 독생자 예수를 이 땅에 보내시고 나의 죄를 대속해서 십자가에 못 박히신 그 사랑을 깨달을 때 가능할 수 있겠다는 생각이 들었다.

둘째는 나의 이웃을 나 자신과 같이 사랑하라는 것이다. 대부분 사람은 자신에게는 관대하고 타인에게는 엄격한 잣대로 판단하고 비난을 한다. "사랑은 허다한 허물을 덮는다."라는 말씀처럼 타인을 함부로 판단하기보다는 상대방을 이해함으로 사랑할 수 있어야 할 것이다.

이 땅에 사는 사람들은 여러 가지 원인으로 고통받으며 살아가고 있다. 5.18 광주민주화운동의 피해자들 또한 갑질로 인한 두려움으로 인해 섬에 가서 사는 사람들 등등 피해자들은 이루 말할 수 없을 정도로 많다.

하나님, 이 땅의 고통 받으며 살아가는 많은 이들의 삶을 불쌍히 여겨 주소서. 그들에게 찾아가 주시고 그들의 고통을 어루만져 주시며 하나님 안에서 참 평화와 기쁨을 누리게 하소서. 저 또한 오늘의 주어진 삶을 살아가면서 '작은 예수'로 하나님의 사랑을 이웃에게 실천하는 하루가 되게 하소서.

범사에 감사하라 데살로니가전서 3:18

따스한 가을 햇살이 비치는 풍성한 가을들녘과 단풍이 물들어가는 나뭇잎의 아름다움을 채 느끼기도 전에 가을은 벌써 저만치 가고 있다. 모두가 분주한 삶을 살아가며 빠르게 흘러가는 세월에 진한 아쉬움이 남는다.

지난 주말은 여러 가지 일로 바빴다. 지난 토요일 오후에는 직무연수 60시간 강의를 들은 후에 치르는 필기시험을 보았다. 시험은 누구에게나 긴장감을 주고 스트레스를 준다. 생각하지도 않았던 어려운 시험 문제를 받아보고 충격을 받았지만, 최선을 다해서 답안을 작성한 후에 시험장을 나왔다. '좀 더 신중하게 답안 작성을 할걸!' 하는 마음이 드는 것은 시험에 대한 미련이 남아서인 것 같다.

저녁에는 아내와 딸과 함께 오랫동안 생각해 왔던 전자피아노를 사기 위해서 백화점에 갔다. 야마하 전자피아노 중에서 한 가지 모델을 선택했다. 그리고 주저함 없이 카드로 계산을 했다. 딸과 아내가 모두 선택한 모델에 만족해하는 것 같아서 나의 마음이 흐뭇했다. 게다가 판매하시는 분이 가족끼리 저녁 식사를 하라고 할인한 금액에 6만 원을 더 빼 주어서 더 기분이 좋았다.

행복한 마음으로 우리는 지하에 있는 식당으로 향했다. 그곳에서 아내와 딸은 육개장 칼국수를 나는 우거지 사골 국밥을 시켰다. 그런데 한참 밥을 먹다가 보니 밥그릇 아래에서 누군가가 베어 먹은 듯한 '무 조각'이 보였다. 나는 점원에게 "이것은 무엇이냐?"라고 물어보았다. 그

점원은 당황하는 표정을 지으며 자신의 실수라고 나에게 답하며, 음식 값을 받지 않겠다고 말하였다.

나는 "나도 그런 실수를 할 때가 있다며 신경 쓰시지 마세요."라고 말했다. 그 점원은 식사를 끝내고 돌아가는 길에 죄송하다며 서비스로 왕만두까지 포장을 해주었다. 생각해 보면 찝찝한 일이지만 덤으로 왕만두를 얻어서 횡재한 느낌이 들었다.

어제는 '등불 축제'와 '추수 감사 주일 예배'로 드렸다. 목사님이 설교하시는 단상 앞에는 바구니마다 성도들이 준비해 온 감과 사과 그리고 다양한 과일들이 담겼다. 그리고 예배 중간에 특별 찬양과 율동이 곁들여져 풍성하고 아름다운 예배가 되었다.

목사님은 '감사, 그리스도인답게'라는 주제로 설교를 하셨다. '감사는 삶을 해석하는 능력'이라는 말씀에 특별히 은혜를 받은 것 같다. 우리는 삶은 현장에서 같은 일을 겪고 보지만 '하나님의 시각'으로 보는 이와 그렇지 않은 이가 있다.

나도 인생의 어두운 터널을 지날 때, 미래가 보이지 않고 절망적이며 우울한 삶을 살았다. 하지만 그 또한 '하나님의 섭리'라고 생각되며 감사하는 마음을 갖게 되었다.

요즈음 아내의 환하고 웃음 짓는 얼굴을 보면 너무나도 행복하다. 아내가 말하고 행동하는 것을 보며 하나님께서 지금까지 내게 베푸신 큰 은혜가 이제는 아내에게 임하여서 아내의 많은 부분을 변화시킨다고 생각했다.

데살로니가전서 5장 16-18절에서 "항상 기뻐하라. 쉬지 말고 기도하라. 범사에 감사하라 이것이 그리스도 예수 안에서 너희를 향하신 하나님의 뜻이니라."라고 성경은 말하고 있다.

가나안 땅을 40일 동안 정탐하고 온 후에 인간적인 시각으로 부정적인 보고를 한 11명의 정탐꾼과는 달리 갈렙은 하나님의 말씀과 약속에 집중하였기에 "우리가 곧 올라가서 그 땅을 취하자 능히 이기리라."라고 말할 수 있었다.

하박국 3장 17-18절에 "비록 무화과나무가 무성하지 못하며 포도나무에 열매가 없으며 감람나무에 소출이 없으며 밭에 먹을 것이 없으며 우리에 양이 없으며 외양간에 소가 없을지라도 나는 여호와로 말미암아 즐거워하며 나의 구원의 하나님으로 말미암아 기뻐하리로다."라는 말씀이 있다.

우리가 불평할 일처럼 보여도 하나님의 시각으로 믿음의 눈으로 보면 모든 것이 감사할 수밖에 없는 일들임을 깨닫게 된다. 그러므로 '하나님의 사람'은 범사에 감사할 수밖에 없을 것이다.

하나님, 부족한 저를 하나님의 자녀로 부르시고 또한 크신 은혜 주심에 감사합니다. 오늘 저에게 주어진 삶을 감사하며 평범한 일에도 감사할 수 있는 하루가 되게 하소서.

그들은 다 그 풍족한 중에 넣었거니와 마가복음 12:44

학교 교정에 흩날리는 낙엽들을 보며 그것들이 어떤 이에게는 계절의 변화가 주는 감동으로 다가오지만, 또 어떤 이에게는 처리해야 할 쓰레기로 여겨진다는 것은 참으로 아이러니한 일이다.

어제는 일요일에 일찍 잠자리에 들어서인지 새벽 3시가 넘어서 일어났다. 나는 묵상하고 글쓰기에 좋은 새벽이 주는 고요함과 적막감이 무엇보다도 좋다. 약간의 여유를 갖고자 신앙 일기부터 쓰고 새벽 기도회에 갔다. 그리고 몸이 약간 무겁고 피곤해서 사우나를 하러 갔다.

집으로 돌아오는 길에 편의점에 들러서 아침 메뉴인 토스트를 하기 위해서 계란과 치즈를 샀다. 그냥 식빵을 구워서 잼에 발라 먹을 수 있지만, 가족들을 위하는 마음에 수고를 아끼지 않게 된다. 가족들이 맛있게 먹는 모습을 마음속에서 상상하면 기쁘게 그 일을 감당하는 힘이 생기는 것 같다.

체육 수업이 끝났는데도 6학년 남학생 2명이 체육실에 와서 피구 공을 가지고 던지고 받기를 하였다. 그중에, 상담하던 학생이 있어서 초코파이를 주었다. 그리고 스트레스를 마음껏 풀고 가라고 하였다. 나의 조그마한 배려와 사랑이 그 학생의 삶에 조금이나마 도움이 되었으면 한다.

요즈음 학교마다 교원능력개발평가가 이루어지고 있다. 같은 동료 교사로부터 그리고 학생과 학부모로부터 평가를 받고 동료 교사를 평가한다는 것은 그렇게 유쾌한 일은 아니다. 솔직히 나는 이러한 평가시스템이 마음에 들지는 않는다.

어떤 사람이든지 열심히 최선을 다했다고 생각하는데, 타인이 나쁘게 평가한다면 화가 날 수밖에 없을 것이다. 그리고 그러한 평가가 그가 속한 조직사회를 와해시키는 원인이 될 수도 있을 것이다.

마가복음 13장 44절에 "그들은 다 그 풍족한 중에서 넣었거니와 이 과부는 그 가난한 중에서 자기의 모든 소유 곧 생활비 전부를 넣었느니라 하시니라."라는 말씀이 있다. 아이러니하게도 세상을 살다 보면 부자가 더 인색하고, 가난한 사람이 더 베풀기를 좋아하는 것을 보게 된다.

부자의 삶을 살펴보면 부자는 살아가면서 부족하고 아쉬운 것이 없다. 그러기에 하나님 앞에 나아갈지라도 애절함과 간절함이 있을 수가 없을 것이다. 딱히 하나님도 필요하지 않을 것이다.

하지만 과부는 이 부자와는 전혀 다른 마음이었을 것이다. 과부로서 살아가는 그 삶이 험난했을 것이고 생활고로 시달렸을 것이다. 하지만 그 마음 깊은 곳에는 그녀의 삶 가운데에 위로와 힘과 능력이 되어주시는 하나님을 진실로 사랑하는 마음이 있었을 것이다. 그러했기에 그녀는 자기의 모든 소유 곧 생활비 전부를 하나님께 드릴 수 있었다.

하나님, 인생길 험하고 마음 지쳐 살아갈 용기 없을 때, 당신께서는 함께해 주시고 새로운 힘과 용기를 주시는 분임을 믿습니다. 제가 가진 소유와 재능은 적지만 하나님께 온전히 드리기를 원합니다. 오늘도 하나님의 나라와 영광을 위해서 최선을 다하는 삶이 될 수 있도록 저의 삶을 축복하소서.

여호와를 의지하는 자는 복이 있느니라 잠언 16:20

찌는 듯이 무더운 여름과 단풍으로 물든 가을을 뒤로 한 채 차가운 비가 내리며 겨울을 재촉하고 있다. 잠시 일상의 바쁨에서 벗어나 한적한 곳에서 아무 일 없이 지내고 싶다는 생각이 든다.

지금 우리는 뚜렷한 가치관을 가지고 힘든 시기를 살아가고 있다. 사회의 모든 영역에서 자기 소리를 내며 자신들의 생각만이 옳다고 외친다. 교육 분야에도 예외는 아니다. 학교가 수요자 중심으로만 움직이다 보니 교사들은 학교에서 사건만 일어나면 피해자의 입장에 서게 된다. '이러한 상황에서 어떤 교사가 소신 있게 학생들을 가르칠 수 있겠는가?'라는 생각이 절로 든다.

어제 2교시 5학년 체육 시간에 한 학생이 너무 버릇없이 말과 행동을 해서 도저히 참을 수가 없었다. 나는 그 학생을 불러서 왜 그렇게 행동을 했냐고 물어보았다. 그 학생은 내가 하는 말을 묵묵히 듣고만 있었다.

그 학생을 오랫동안 지켜봐 왔기에 내가 훈계를 하여도 쉽게 바뀌지는 않겠지만, 교사의 양심으로 그냥 지나칠 수는 없었다. 이야기를 마무리한 후에는 초코파이를 하나 주고 교실로 돌려보내었다. 비록 한 번에 모든 것이 좋아지지는 않겠지만 그래도 애정을 가지고 지도해야겠다고 다짐했다.

이어서 3학년 체육 수업을 하게 되었다. 수업이 시작하기도 전에 한 남자 학생이 다른 남학생이 무릎으로 배를 공격해서 배가 아프다고 이야기해서 피구를 하지 말고 매트에 앉아서 쉬도록 하였다. 나는 싸움이 아니라 심각하게 생각하지 않았었다.

그런데 퇴근할 무렵에 그 학생의 담임교사로부터 전화가 왔다. 이야기인즉슨 그 부모는 "아이가 중요 부위 주변에 찰과상이 있어서 병원에 데려가겠다."라고 말했다는 것이었다.

나는 화들짝 놀라 그 아이의 엄마에게 전화해서 자초지종을 들었다. 그 엄마는 평소에도 자신의 아이가 그 친구로부터 피해를 많이 입어서 경고해 주고 싶다고 말했다. 나는 "병원에 다녀오시면 저에게 문자를 남겨주세요."라는 말을 남기고 전화를 끊었다.

이후에 가해를 한 학생의 엄마에게 전화했다. 그 엄마는 자기도 1학기에 자신의 아이가 학급의 친구들에게 심한 욕을 해서 학교폭력 사건으로 진행될 뻔도 했고 자신도 지금은 다른 엄마들과 사이가 좋지 않다고 말을 했다. ○○의 엄마도 이러한 상황에서 어떻게 자녀를 교육해야 하는지 해결방안을 못 찾아서 고민했다.

나는 그 엄마에게 "○○가 잘못을 했지만, 너무 예전처럼 심하게 야단치지 마시고 잘 품어주세요. 그리고 학교에서 저도 ○○를 사랑으로 지도하겠습니다."라는 말을 했다. 나의 작은 배려에 ○○의 엄마는 문자로 "신경을 써주셔서 감사합니다."라는 말을 남겼다.

잠언 16장 20절에 "삼가 말씀에 주의하는 자는 좋은 것을 얻나니 여호와를 의지하는 자는 복이 있느니라."라는 말씀이 있다. 지난 몇 개월의 삶을 뒤돌아보면 하나님께서 나에게 많은 은혜를 주셨다. 그래서 나는 무시로 성령 안에서 기도하며 하나님의 도움을 받고자 한다.

나의 삶과 나의 모습을 되돌아볼 때 인간적으로 내세울 만한 것이 아무엇도 없다는 것을 안다. 하지만 내게는 이 천지를 창조하시고 나를 자녀 삼아주시며 장차 본향으로 인도해 주실 하나님이 계신다는 것이 큰 기쁨이고 감동이다.

인생의 어렵고 힘든 상황 가운데에서도 그리고 불가능할 것만 같은 일 앞에서도 내가 믿고 의지할 수 있는 하나님이 계신다는 사실에 마음이 행복하고 든든하다.

사람들이 비록 십자가에 달리신 예수님에게 "네가 하나님의 아들이거든 그 십자가에서 내려오라."라고 조롱했던 것처럼, 오늘날 나에게도 "네 하나님이 어디 있느냐?"라고 말할지라도 '하나님의 하나님 됨'을 믿음으로 고백하고 선포하며 나아가리라 다짐한다. 왜냐하면, 오늘도 그 하나님이 나의 삶에 간섭하시고 나와 동행하시기 때문이다.

하나님, 믿음이 부족한 저에게 믿음을 더하여 주시고 이 땅에서 살아가는 동안 세상의 것을 의지하지 않고 삼가 말씀에 주의하며 오로지 하나님만 의지하는 축복된 삶을 살아가게 하소서.

눈물을 흘리며 씨를 뿌리는 자는
기쁨으로 거두리로다 시편 126:5

새벽의 찬 기운은 따뜻한 아랫목을 생각하게 하지만, 낮의 따스한 햇살은 새싹이 돋아나는 봄을 연상하게 하는 날씨이다. 오래간만에 미세먼지가 없어서 밖에서 활동하기에는 더할 나위 없이 좋은 날이다.

교감 선생님이 교장 자격연수를 받으시러 간 이후부터 나의 업무가 나날이 늘어나고 있다. 게다가 학교폭력을 담당하는 부장마저 병가로 들어가서 그에 따른 업무도 내가 맡게 되었다. 그래서인지 어제는 아침부터 퇴근하기 전까지 숨 쉴 틈 없이 바빴다.

요즘 뉴스를 보게 되면 우리를 분노하게 하는 '갑질 논란'에 휩싸인 사건들을 많이 접하게 된다. 그만큼 이 사회가 병들어 있다는 증거일 것이다.

주변 사람들이 가끔 교사들이 일반 회사에 다니는 회사원에 비해 일찍 퇴근하는 것에 대하여 부러움의 시선을 보낼 때가 있다. 어제 학부모와 함께 참석한 교육청 연수를 마치고 돌아오는 길에 학부모회장이 나에게 "교사들은 해 있을 때 출근해서 해 질 때 퇴근해서 좋겠다."라는 말을 했다. 그리고 공교롭게도 아파트 엘리베이터 안에서 만난 아래층 아주머니께서도 일찍 퇴근하는 나를 내심 부러워하는 말을 했다.

모두가 다른 이가 하는 일은 쉽다고 생각한다. 하지만 교사로서의 삶도 만만치가 않다는 것을 몸소 체험하면 알게 될 것이다. 교사의 말을 제대로 듣지 않아 통제하기가 힘든 아이들, 학생과 관련된 조그만 일에도 민원과 아동학대로 소송을 제기하는 학부모들! 이미 공교육이 무너지고 교권이 무너진 현실을 바라보며, 무언가 대책이 필요한데 내가 할 수 있는 일이 없음에 안타까울 때가 많다.

퇴근 후 아내가 학교생활의 인간관계가 힘든 것에 대하여 토로하였다. 그리고 승진 문제로 힘들어하는 친구의 이야기도 들었다. 나 또한 내가 처한 상황을 보면 힘들고 감사하고 기뻐할 일이 전혀 없다.

사람들은 세상의 염려로 인해서 자기에게 주어진 생의 아름다움과 행복을 잊어버리고 살아갈 때가 많다. 자신의 주변을 바라볼 때 감사해야 할 일들은 많다. 없는 하나로 불행하다고 생각하지 말고, 자신의 손에 주어진 작은 것 하나로 감사하고 행복해해야 할 것이다.

나는 가끔 내게 주어진 나의 삶이 너무나도 소중하고 감사하게 느껴질 때, 그리고 다른 사람의 배려와 사랑이 마음에 와닿을 때 눈물을 흘리곤 한다. 오늘은 우리 딸이 마지막으로 '플루트 레슨'을 받는 날이다. 딸의 플루트 선생님은 적은 보수로 오랫동안 최선을 다해서 딸을 지도해 주셨다. 그런 훌륭한 선생님을 만나게 해주신 하나님께 감사하지 않을 수가 없다. 이러한 아름다운 만남은 삶의 감동이며 기쁨이다.

시편 126편 5절에 "눈물을 흘리며 씨를 뿌리는 자는 기쁨으로 거두리로다."라는 말씀이 있다. 어제 나보고 이 신앙 일기를 쓰는 것이 힘들지 않냐고 물어보는 이가 있었다. 물론 내가 좋아서 기쁨으로 쓰지만 쓰기가 힘들 때도 있다.

내가 새벽을 깨우며 기도하러 예배당에 가고 매일 신앙 일기를 쓰는 이유는 내가 부족하기에 기도로 하나님이 일하시게 하시며 신앙 일기로 나의 삶을 일깨워 하나님 앞에서 온전한 믿음으로 살아가기 위해서

이다.

또한, 언어로 표현된 나의 작은 몸짓을 통해서 다른 사람도 내가 만나서 교제하는 하나님을 인격적으로 만나기를 소원하기 때문이다. 나는 오늘도 순간순간 기도로 하나님 말씀에 의지하여 '믿음의 씨앗'을 뿌리기를 원한다. 그리고 때가 되면 하나님께서 '기쁨의 단'으로 거두게 하시리라 믿는다.

하나님, 나의 이 작은 꿈이 '주님 손'에 들리어지게 하기를 원합니다. 그리고 웅크리고 접혀 있던 날개를 펼치고 비상하도록 저의 삶을 인도하여 주소서.

다 흙으로 말미암았으므로 다 흙으로 돌아가나니 잠언 3:20

새벽의 찬 기운이 옷깃을 여미게 하고 몸을 웅크리게 한다. 바쁜 일과 가운데에 무언가를 느끼고 여유를 부린다는 것이 마치 사치처럼 느껴진다.

한국인들은 인간관계를 중요시하고 관계의 문화 속에 살아가고 있다. 이러한 관계 속에서 벗어나게 되면 불안한 마음을 갖게 된다. 그리고 직장생활을 하면서도 서로 간의 좋은 관계 속에서는 협업도 잘 이루어지지만 그렇지 못한 관계일 때는 될 일도 안 될 때가 있다.

어제 나의 실수로 직장 동료와 약간 언짢은 일이 있었다. 나는 바쁘다는 이유로 대수롭지 않게 생각하고 부탁한 일이었지만 상대방은 그것 때문에 감정이 상하였다. 나도 처음에는 별일도 아닌 일로 상대방이 지나치게 화를 낸다고 생각해서 기분이 좋지 않았지만, 직장 내에서 불편한 마음을 갖고 생활하는 것은 아니라고 생각했기에 먼저 찾아가서 말을 건네고 사과를 했다.

그리고 상대방의 이야기를 듣다 보니 왜 화가 난 듯이 나에게 말을 했는가를 이해하게 되었다. 나는 모든 사람의 말과 행동에는 '숨겨진 배경'이 있다고 생각한다. 그러하기에 단순히 한순간에 표출되는 말과 행동에서 상대방을 평가해서는 안 된다고 생각한다.

어제의 그 사건을 통해서 어떤 일을 하기 전에 좀 더 신중하게 생각해서 말하고 행동해야겠다는 다짐을 했다. 그리고 실수할 때는 자존심을 내세우지 말고 먼저 사과를 하는 것의 중요성을 깨닫게 되었다.

나의 차 트렁크에는 '죽은 햄스터 한 마리'가 있다. 집에서 키우고 있던 두 마리의 햄스터 중에서 한 마리가 죽어서 어딘가에 묻어주기 위해서 싣고 다녔다. 그런데 햄스터가 죽을 때 바로 죽지는 않고 죽음과 사투를 벌이며 서서히 죽는 것을 목격했다.

잠언 3장 19-20절에 "인생이 당하는 일을 짐승도 당하나니 그들이 다 하는 일이 일반이라 다 동일한 호흡이 있어서 짐승이 죽음같이 사람도 죽으니 사람이 짐승보다 뛰어남이 없음은 모든 것이 헛됨이로다. 다 흙으로 말미암았으므로 다 흙으로 돌아가나니 다 한곳으로 가거니와."라는 말씀이 있다. 결국에는 흙으로 돌아가야 하는 인생임을 알고 지혜롭게 죽음을 준비해야 할 것이다.

내가 사는 아파트 근처에 마트가 있다. 마트의 주인은 밤늦게까지 교대도 없이 돈을 벌기 위해서 일하고 계신다. 물건을 사기 위해서 가끔 가게를 찾으면 졸고 계시는 모습을 볼 때도 있다.

나는 아저씨에게 "전에 사모님이 계시던데 사모님은 안 도와주시나요?"라는 물음에, 아저씨는 "아내는 다른 가게를 보는 중이에요."라고 답했다. 아마도 돈을 더 벌기 위해서 두 개의 가게를 운영하는 듯했다.

우리의 삶을 돌아보면 유한한 인생을 살 뿐인데, 마치 몇백 년을 살 것처럼 자신의 건강을 돌보지 않고, 중요한 가치들을 등한시하고 살아간다. 유한한 인생을 살며 흙으로 돌아갈 인생이기에 한 번쯤은 자신의 삶을 돌아보며 중요하지 않은 것들은 내려놓을 수 있는 지혜가 필요할 것이다.

하나님, 하나님을 경외하고 그 말씀을 지키는 것이 사람의 본분이라고 하였습니다. 이 땅에 사는 동안 하나님의 말씀 속에서 참된 가치를 발견하며 하나님이 주신 지혜로 살아가는 하루가 되게 하소서.

사람은 그 입의 대답으로 말미암아 기쁨을 얻나니 잠언 15:23

인생은 예기하지 않은 일들의 연속이라는 생각이 든다. 아침에 신앙 일기를 쓰려고 이동식 USB를 컴퓨터에 꽂았는데 신앙 일기 폴더가 모두 사라져 버리고 없었다. 미리 백업을 받아 둔 것은 있지만 귀찮게도 다시 카톡의 메시지를 다시 복사해서 붙여넣기를 해야만 했다.

어제는 아침부터 오전에 있는 학부모 교장 공모제 설명회로 마음이 바빴다. 그리고 학교폭력에 관한 업무 및 다른 잡다한 일들이 나의 머리를 복잡하게 했다. 학교에서 같이 근무하는 선생님들은 내가 얼마나 바쁜지 모르시는 분이 많을 것이다. 그래서 때때로 선생님들이 말하는 것들이 내게 상처가 될 때도 있다.

다른 교직원들도 마찬가지일 것이다. 일의 많고 적음에 상관없이 각자 나름의 어려움을 안고 직장생활을 한다. 그러므로 어떤 것을 요구하기 전에 상대방을 조금은 배려하여 말하는 것이 필요할 것이다.

교장 공모제, 교원능력개발평가 및 다양한 시스템들을 바라보며 세상이 많이도 변하고 있다는 것을 느끼고 있다. 하지만 여전히 공무원 사회의 비효율적인 부분들은 시대와 발맞추어 가지 못한다고 느낄 때가 많이 있다.

어제는 내가 나서서 컴퓨터 성능이 떨어져서 고생하시는 코디 선생님의 컴퓨터를 담당 기사를 통해서 업그레이드했다. 사용하기에 불편했던 음악실도 열쇠를 없애고, 번호키로 교체했다. 그리고 교직원이 요청하는 문화연수도 교장 선생님께 말씀드려 해결하였다.

나의 조그마한 수고에 많은 이들이 만족하고 행복해하는 모습을 보는 것이 기쁘다. 환경지킴이 여사님은 내가 모든 일에 적극적으로 나서서 해결하는 모습을 보고 칭찬을 아끼지 않으셨다.

그런데 요즘은 퇴근 후에도 바빴다. 왜냐하면, 각종 a/s를 받아야 하고 세탁실이 있는 뒤쪽 베란다의 수도 동파 방지를 위해 '폼블록'도 붙이고, 창문에 '틈막이'를 하는 공사(작은 집안일)도 직접 했기 때문이다. 이러한 나 자신을 보며 일 중독이 된 것 같은 생각이 들었다.

잠언 16장 23절에 "사람은 그 입의 대답으로 말미암아 기쁨을 얻나니 때에 맞는 말이 얼마나 아름다운고."라는 말씀이 있다. 나는 어제 약간은 기분이 나쁜 말도 듣고 기분이 너무나도 좋은 말도 들었다. 내가 하는 말이 내 주변의 사람을 살릴 수도 죽일 수도 있다는 생각이 든다. 그러므로 말을 하기 전에는 항상 충분히 생각하고 상대방을 배려하는 말을 해야 할 것이다.

하나님, 최선을 다해서 하루를 살고 있습니다. 하지만 여전히 부족하고 실수가 많은 인생임을 고백합니다. 너무 바쁘게만 살지 말고 조금은 쉬었다가 달려갈 수 있는 지혜를 허락하소서. 그리고 주변의 이웃들에 사랑의 말과 감사의 말 그리고 칭찬하는 말을 하는 하루가 되게 하소서.

우리가 여호와를 알자 힘써 여호와를 알자 호세아 6:3

새벽이라는 시간은 나에게는 참으로 매력적이다. 누구에게도 방해받지 않고 하나님과 교제하며 내가 좋아하는 글쓰기를 마음껏 할 수 있기에 하루에 있어서 가장 의미가 있는 소중한 시간이다. 이런 습관을 지니게 된 것이 너무도 행복하다.

사회생활을 하면서 여러 모임의 리더의 역할이 얼마나 중요하다는 것을 깨닫는다. 가정에서는 가장, 직장에서는 각 부서의 부서장, 나아가서는 '국가의 지도자'가 누가 되느냐에 따라 그 그룹 구성원의 행복 지수는 달라진다.

리더의 유형에는 일을 무척 잘하는 리더가 있을 수가 있다. 그러나 아무리 일을 탁월하게 잘하더라도 그가 속한 구성원의 마음을 헤아리며 구성원들을 섬기는 마음이 없다면 결코 존경받지 못할 것이다.

또 다른 유형으로는 일은 그가 속한 구성원의 마음을 헤아리고 진정 그들이 원하는 것을 분별하며 함께하는 리더이다. 리더로서 구성원을 섬기고 그들의 필요를 채울 때, 그는 존경받으며 그 공동체는 행복해질 것이다.

어제는 내가 항상 주시하는 5학년에 있는 두 아이와 상담을 했다. 상담 도중에 한 아이는 이혼을 하고 조부모와 함께 살고 있다는 것을 알게 되었다. 그 아이는 "아빠는 나에게 너무 무섭게 대해서 할아버지와 함께 사는 것이 더 행복해요."라는 말을 했다. 그 한마디에 아이가 받은 상처가 느껴져 마음이 무척이나 아팠다. 상담의 마지막에 나는 두 아이에게 '친구의 중요성'을 이야기하며 서로에게 좋은 친구가 될 수 있도록 권유하였다.

수업 후에 교무실에 돌아오니 한 아이가 나의 책상에 두고 간 '쪽지로 된 편지'가 보였다. 편지에는 "선생님, 우리가 힘들게 하지만 잘 가르쳐주셔서 감사해요."라는 내용이었다.

요즘 교사가 되었다는 것이 참으로 감사하게 느껴질 때가 많다. 아이들의 꾸밈없는 미소와 웃음이 나의 삶을 풍요롭고도 행복하게 한다. 누구든지 자신이 있는 곳에서 최선을 다할 때 행복은 저절로 찾아오는 것 같다.

배구 동호회에 참가한 후 집에 돌아오니 8시가 가까워졌다. 시험이 다음 주 화요일인데 딸이 아직 스마트폰을 하고 있어서 그만하고 갖다 놓으라고 했다. 2~3번의 말에도 딸이 내지를 않아서 딸에게 화를 내며 야단을 쳤더니, 딸은 자신의 방문을 닫고 두문불출했다.

9시가 지난 후에 아내가 돌아왔다. 나는 스마트폰 사용 문제를 해결하기 위해서 다시 딸을 불러내어 대화를 시도했다. 딸은 나에게 아빠는 대화를 나누다가도 화를 내며 약속을 잘 지키지 않는다고 말했다.

그 순간에 나는 '아빠의 역할'을 완벽하게 하고 있다고 자만하고 있었는데 딸에게 비치는 모습은 전혀 아니라는 것을 깨닫게 되었다. 나는 딸에게 용서를 구했으며 약속한 부분은 잘 지킬 수 있도록 하겠다고 말했다. 대화를 나누면서 딸의 마음을 많이 헤아리지 못한 것이 너무나도 미안하다는 생각이 들었다.

호세아서 6장 3절에 "그러므로 우리가 여호와를 알자 힘써 여호와를 알자 그의 나타나심은 새벽빛같이 어김없나니 비와 같이, 땅을 적시는 늦은 비와 같이 우리에게 임하시리라 하니라."라는 말씀이 있다.

세상을 살면서 우리는 상대방에 대한 정확한 앎이 없기에 그 사람을 함부로 정죄하고 판단할 때가 많이 있다. 딸과의 대화를 통해서 딸의 마음을 정확하게 헤아리지 못하였기에 내 마음대로 딸을 판단해서 마음에 상처를 주었다는 것을 깨달았다.

또한 '하나님에 대한 인격적인 만남이 주일 예배 시간에만 잠시 이루어진다면 어떻게 우리의 삶이 하나님께 온전히 드려질 수 있을까?'라는 생각도 하게 되었다. 그리고 우리가 일방적으로 하나님께 고하기만 하고 듣지를 않는다면 하나님의 마음을 알 수는 없을 것이다.

우리 인생에 있어서 '힘쓰는 것'이 없이 그냥 이루어지는 것은 없다고 생각한다. 성경은 우리에게 "힘써 여호와를 알자."라고 말한다. 이 세상을 창조하시고 또한 독생자를 아낌없이 주신 그 사랑의 하나님을 우리가 정확하게 알고, 날마다 그분과의 교제가 있다면 우리의 삶은 분명코 달라지지 않을 수가 없을 것이다.

하나님, 어제의 모습을 돌아보면 부끄러운 것밖에 없음을 고백합니다. 저의 마음 가운데에 원수까지도 사랑할 수 있는 예수님과 같은 마음을 허락하셔서 힘써 이웃과 가족을 사랑하게 하소서.

우리에게 우리 날 계수함을 가르치사 시편 90:12

새벽 4시, 모두가 잠든 고요한 이 시간! 알람이 울린 것도 아닌데 나는 습관처럼 눈을 뜨고 거실과 나의 서재에 보일러를 켰다. 그리고 거실에 있는 어항에 램프를 켜고 마치 기다렸다는 듯이 내게 다가오는 열대어들에게 밥을 주었다. 어느덧 전에는 상상할 수도 없었던 이러한 일련의 과정이 나의 일상이 되었다. 오늘도 이러한 일상이 내게는 큰 행복으로 다가온다.

언제부터인가 학교에 '교원능력개발평가'라는 평가시스템이 도입되어 시행되고 있다. 원래의 시행목적은 공교육의 신뢰를 회복하기 위해서 시행되었다고 하지만 지금은 긍정적인 부분보다는 부정적인 요소가 더 많은 것 같다.

특정한 교사가 우수한 평가를 받았다고 해서 그 교사에게 전문성 향상을 위한 동기를 부여하지는 못한다. 또한, 교권이 추락하고 보호되지 못하는 이러한 현실 속에서 일부 학부모들의 부정적인 글들은 교사들의 사기를 저하시킨다.

사회의 전체적인 분위기가 그러하지만 요즈음 교사들은 말과 행동에 무척이나 조심하며 학부모들에게 책잡힐 일을 하지 않으려고 무지 애쓴다. 학부모들은 조그마한 일에도 교육청에 직접 민원을 제기하고 학교를 소란하게 하며 교사들을 힘들게 한다.

이러한 불신 속에서 '어떻게 참다운 스승이 생기며 참다운 교육이 이루어질 수 있겠는가?'라는 의문이 생긴다. 그러므로 이러한 문제를 해결하기 위해서는 교사가 안심하고 학생들을 가르칠 수 있으며 학부모와의 신뢰가 회복될 수 있는 새로운 시스템이 도입되어야 할 것이다.

시편 90편 12절에 "우리에게 우리 날 계수함을 가르치사 지혜로운 마음을 얻게 하소서."라는 말씀이 있다. 우리 인생들은 티끌로 돌아가야 할 운명임을 깨닫고 이 세상에서 자신을 성찰하며 윤동주 시인의 『서시』처럼 하늘을 우러러 한 점 부끄럼 없는 삶을 살도록 노력해야 할 것이다.

"우리의 연수가 칠십이요 강건하면 팔십이라도 그 연수의 자랑은 수고와 슬픔뿐이요 신속히 가니 우리가 날아가나이다."라고 성경은 말한다. 하나님, 수고와 슬픔뿐인 인생을 살아갈 때, 방황하지 않고 하나님이 주신 지혜를 가지고 요셉과 같이 하나님과 동행하는 멋진 삶을 살아가게 하소서.

주만 홀로 사람의 마음을 다 아심이나이다 열왕기상 8:39

도시인들의 하루는 분주하다. 하루를 시작하기 위해 피곤한 육체를 깨워 아침부터 허겁지겁 분주하게 움직이는 것이 도시인들의 일상이다. 새벽 3시에 일어났다가 다시 잠을 청하였더니 어느덧 시간이 훌쩍 지나가 버려 새벽 기도회에 못 나갔다. 신앙 일기를 쓰면서도 '아침에는 무엇을 먹어야 하지?', '학교에 가서 해야 할 일은 뭐지?' 하는 생각에 마음이 바쁘다.

초등학교 학년 중에서 6학년이 제일 가르치기가 힘들다. 가끔 아이들의 잘못된 행동을 혼내게 되면 아이들은 마치 선생님을 조롱하는 듯 친구들과 '키득키득' 하며 웃기도 한다. 화가 나서 잘못 혼을 내면 일은 걷잡을 수 없이 확대되기도 한다.

선생님은 어떠한 순간에도 조그마한 말과 행동의 실수도 용납되지 않는다. 그러하기에 수업도 철저히 준비해야 하고, 아이들 생활지도도 화내지 말고 지혜롭게 해야 한다.

오후에는 교육지원청에서 하는 '교육과정 연수회'에 참석했다. 강사는 교육청에서 전문직으로 근무하셨다가 최근에 학교로 발령이 난 교감 선생님이셨다. 강의는 한국의 교육적 상황을 여러 가지 사진을 보여주며 설명해 주어서 생각보다 재미있었다.

그러나 한편으로는 그 이상도 그 이하도 아닌 원론적인 이야기에 불과하다는 생각도 들었다. 입시 위주의 교육의 큰 틀이 바뀌지 않는 상황 속에서 이런 강의를 듣고 있으니 변화의 주체가 되지 못함에 약간의 자괴감이 들었다. 하지만 환경은 열악하지만 그래도 자신이 처한 곳에서, 우리가 지향해야 할 교육의 목표를 위해 최선을 다해야 할 것이다.

저녁에 모니터 플러그를 사기 위해 집 근처에 있는 '컴퓨터a/s가게'를 찾았다. 문을 열자 목사님 설교 말씀이 스피커를 통해 흘러나왔다. 나는 "혹시 교회 다니세요?"라고 질문했다. 사장님은 가까운 교회에 출석하고 있다고 말했다.

사장님은 ○○교회를 다니는데 말씀에 크게 은혜는 되지 않는다고 했다. 나는 짧은 시간이었지만 지나온 나의 신앙생활을 그분과 나누었다. 사장님은 오래간만에 '마음이 온전히 하나님을 향하여 있는 신앙인'을 만났다는 칭찬의 말을 해주셨다. 여전히 부족한 신앙인의 모습이지만 그 말씀에 감사할 따름이다.

열왕기상 8장 39절에 "주는 계신 곳 하늘에서 들으시고 사하시며 각 사람의 마음을 아시오니 그들의 모든 행위대로 행하사 갚으시옵소서 주만 홀로 사람의 마음을 다 아심이나이다."라는 말씀이 있다.

세상을 살아가며 '어느 누가 자신의 마음을 다 헤아려 줄 수 있을까?'라는 생각을 해본다. 겉으로 보이는 것이 다가 아니라는 것을 알면서도 사람들은 표현되는 말과 행동을 통해서 상대방을 평가한다.

내가 만난 하나님은 외모를 보시지 아니하시고 마음 중심을 보시는 하나님이시다. 나의 지나간 삶을 되돌아보면 결코 성경 말씀에 합당한 모습은 아니다. 하지만 하나님을 향한 나의 중심을 보시고 지금까지 지켜주시며 적절한 때에 나에게 큰 은혜를 부어 주셨다.

하나님, 날마다 귀한 은혜와 만남을 허락해 주시니 감사합니다. 오늘도 때를 따라 돕는 하나님의 은혜를 힘입어서 기뻐하며 그리스도인답게 살아가는 하루가 되게 하소서.

하나님이 세상을 이처럼 사랑하사 요한복음 3:16

글을 쓴다는 것은 쉬운 일은 아니다. "창작에는 고통이 따른다."라는 말처럼 서두를 어떻게 시작해야 할지 약간 막막할 때도 많다. 또한, 날씨마저 흐리고 미세먼지로 인해 공기가 런던의 거리처럼 뿌옇게 보일 때에는 더욱 글쓰기가 힘들다.

어제는 점심 식사 후에 딸로부터 생각지도 않은 전화를 받았다. 딸은 전화기 너머로 "아빠, 나 수학 100점 받았어요." 말했다. 딸의 목소리에는 약간의 흥분과 기쁨이 뒤섞여있는 것을 느꼈다. 딸이 매일 밤늦게까지 최선을 다해서 공부해서 좋은 결과를 얻게 되어 나의 마음도 기뻤다.

누구든지 좋은 일이 있으면 그것을 주변의 사람들과 빨리 나누고 싶은 것이 인지상정일 것이다. 나는 그 소식을 듣고 먼저 아내에게 전화하고, 주변 친구와 동료들에게도 자랑했다.

오후에는 '교육과정 협의회'로 인해 교육청 출장이 있었다. 장학사님과 인근에 있는 초·중·고 교무부장들이 모여 있었다. 교육과정 필수시수에 관해 전달하는 도중에 '교권 보호'에 대한 이야기가 나오게 되었다.

나는 현장에서 교권 보호가 전혀 되지 않고, 교사들은 매일 누구도 보호해 주지 않는 열악한 교육 환경 가운데에 있기에, 교육지원청에서 나서서 해결해 달라고 요청했다.

그러나 장학사님은 "우리도 아무런 힘이 없기는 마찬가지이기에 교사들이 나서서 도교육청에 요청을 하기도 하고 공론화시킬 수 있도록 해야 한다."라는 말을 했다. 도교육청에서 당연히 해결해 주어야 할 일에 꼭 모두가 모여서 교육청을 방문하고 목소리를 높이고 나서야 한다는 사실에 마음이 무거웠다.

요한복음 3장 16절에 "하나님이 세상을 이처럼 사랑하사 독생자를 주셨으니 이는 그를 믿는 자마다 멸망하지 않고 영생을 얻게 하려 하심이라."라는 말씀이 있다.

하나님은 죄로 인해 죽을 수밖에 없는 인생을 위해서 하나뿐인 독생자를 이 땅에 보내시고 인류의 죄를 대속하여 십자가에 달리게 하셨다. 이같이 성경이 알려주는 복된 소식은 세상의 끝까지 전달되며 사람들에게 구원을 주며 그들의 삶을 변화시키고 있다.

성경은 단순한 글자가 나열된 책이 아니라 살아있는 하나님의 말씀이기에 날마다 우리에게 큰 도전으로 다가온다. 하나님의 말씀은 죄로 인해 에스겔 골짜기의 뼈처럼 죽어있던 자를 소생시키고 연약한 이에게도 담대한 용기를 허락하신다.

하나님, 날마다 순간마다 하나님의 도움 없이는 살아갈 수 없는 연약한 인생임을 고백합니다. 하나님께서 오늘도 저의 삶을 붙들어 주시고 하나님의 계획하심에 따라 순종하는 삶을 살아갈 수 있게 하소서.

구하라 그리하면 너희에게 주실 것이요 마태복음 7:7

아파트 건물의 현관문을 나서자 겨울의 차가운 공기가 나의 두 뺨에 와닿았다. '아, 이젠 정말 겨울이구나!' 하는 생각이 들었다. 빨라지는 시간의 흐름 속에서 가끔은 과거 어린 시절의 아름다운 추억이 그리워 진다.

오늘은 체육 시간에 6학년 남학생들과 편을 나누어서 축구를 하게 되었다. 나도 한쪽 팀에 들어가서 경기를 하였다. 이기기 위해서 열심히 뛰었다. 그런데 뛴 지 얼마 되지도 않아 근육이 뭉치고 숨을 쉬지 못할 지경이 되었다.

나의 체력이 이 정도밖에 되지 않다고 하는 생각에, 건강에 대한 경각 심을 갖게 되었다. 나이가 들수록 자신의 건강을 관리해야 하는데 날마다 '오늘부터는 운동해야지.' 하면서 세월을 보내고 있다. 건강은 지킬 수 있을 때 지켜야 한다.

오후에는 병가로 나오지 못한 생활인권부장을 대신하여 교육청에 '학 생 생활 인권과 교권에 관련한 연수'를 받기 위해서 참석을 했다. 경기 도 교육청에서 학생 인권을 담당하는 사무관이 강사로 왔다.

그 강사는 생각과는 달리 재미있게 '학생 인권'과 '교권 침해'에 관련 된 사례를 가지고 쉽게 설명해 주었다. 내가 그동안 교권에 대해 오해하 고 있던 부분도 많이 해결되었다. 연수를 들은 후에 든 생각은 교사들이 이제는 현실을 좀 더 냉철하게 인지하고 초·중등교육법과 학교폭력에 관한 법들과 절차도 명확하게 알고 있어야 한다는 것이었다.

마태복음 7장 7절과 9절에 "구하라 그리하면 너희에게 주실 것이요 찾으라 그리하면 찾아낼 것이요 문을 두드리라 그리하면 너희에게 열릴 것이니…", "너희가 악한 자라도 좋은 것으로 자식에게 줄 줄 알거든 하물며 하늘에 계신 너희 아버지께서 구하는 자에게 좋은 것으로 주시지 않겠느냐."라는 말씀이 있다.

아버지인 나는 우리 아이들이 항상 사랑스러운 행동을 하고 순종하지는 않지만 늘 최상의 것으로 입히고 먹이며 좋은 것을 주고 싶다. 우리 부모가 자녀들에게 갖는 마음과 같이 하나님의 마음도 그러하다고 생각된다.

우리는 구하는 기도와 찾는 수고를 하지 않기에, 하나님의 축복을 받지 못하고 살고 있다. 하나님이 우리의 아버지이시며 우리가 그분의 자녀이기에 우리는 마땅히 성경 말씀대로 구할 수 있어야 할 것이다.

하나님, 저희 앞에 닥친 문제들과 저희에게 필요한 것들을 아시는 하나님! 오늘 하루 저희에게 필요한 것들을 하나님 앞에 담대하게 나아가 구하게 하시고 좋은 것으로 응답받는 귀한 축복의 하루가 되게 하소서.

하나님의 어리석음이 사람보다 지혜롭고 고린도전서 1:25

　세상의 여러 가지 생각들이 실타래처럼 꼬여서 마음이 안정되지 않는다. 전에는 무심코 지나가 버린 뉴스의 사건들이 이제는 내게 유의미하게 느껴지며 때로는 가슴 아프게 느껴질 때도 있다. 어떤 사람들은 자신이 당한 억울한 일을 세상에 알리기 위해서 '자살'이라는 극단적인 선택을 하며 또 어떤 사람은 어떤 부서의 한 리더로서 한 사건에 대해 책임지고 부하직원들을 보호하기 위해 고층 건물에서 목숨을 내던지기도 한다. 너무 쉽게 판단하고 정죄하며, 있지도 않은 일들을 아무런 여과 없이 퍼뜨리는 현실이 참으로 안타깝고 가슴 아프다.

　어제는 체육 시간에 한 남학생과 여학생이 서로 다투었다. 교실에서 사용해서는 안 되는 언어를 사용한 것이 사건의 발단이 되었다. 시간이 부족하여 이야기만 듣고 돌려보낼 수밖에 없었다. 그런데 상담 과정 중에 화가 난 그 한 남학생으로부터 무척이나 충격적인 이야기를 듣게 되었다.

　그 학생은 나의 앞에서 "확, 목을 따 버릴라."라는 언어를 내뱉었다. 그 말을 듣는 순간 멍한 느낌이 들었다. 그 학생의 가정형편을 알고는 있었지만, 그 언어를 통해 그 아이에게 내재 되어있는 분노를 느낄 수가 있었다. 어떻게 그런 말을 배웠느냐는 질문에 그 아이는 형이 자신에게 그런 말을 했다고 하였다.

　한국이 OECD 국가 중에서 자살률이 아주 높은 나라인 것은 공공연한 사실이다. '가정폭력과 좋지 않은 환경의 위험에 노출된 아이들을 누가 책임을 지고 돌볼 수 있는가?'를 고민해 보지만 해결책은 보이지 않는다. 참으로 답답한 일이다.

퇴근 후에는 내가 재수할 때부터 교회에서 알고 지내던 친한 동생에게 전화했다. 이야기하는 도중에 나는 신앙 일기를 정리한 후에 곧 책을 출판한다고 했다. 내가 책 제목을 '신앙과 삶의 갭을 줄여라.'라고 한다고 하자, 그 동생은 그 제목보다는 '신앙과 삶의 갭을 없애라.'가 더 좋지 않냐고 했다. 결국에는 한 독자의 아이디어로 '하나님 찬스'라고 짓게 되었다.

고린도전서 1장 25-27절에 "하나님의 어리석음이 사람보다 지혜롭고 하나님의 약하심이 사람보다 강하니라. 형제들아 너희를 부르심을 보라 육체를 따라 지혜로운 자가 많지 아니하며 능한 자가 많지 아니하며 문벌 좋은 자가 많지 아니하도다. 그러나 하나님께서 세상의 미련한 것들을 택하사 지혜 있는 자들을 부끄럽게 하려 하시고 세상의 약한 것들을 택하사 강한 것들을 부끄럽게 하려 하시며."라는 말씀이 있다.

세상과 주변을 둘러보면 내가 초라해 보일 정도로 똑똑한 사람이 너무나도 많은 것을 알게 된다. 하지만 아무리 세상 지혜를 가지고 있다고 하더라도 하나님의 어리석음보다 못하다고 성경은 우리에게 말하고 있다. 아무리 인공지능이 발달하고 세상이 변한다고 하더라도 이러한 진리는 변하지 않으리라 믿는다.

예수님의 십자가 사건이 믿지 않는 사람들에게는 아무런 의미가 없겠지만, 예수님을 믿는 자에게는 하나님의 능력이 된다고 성경은 말하고 있다. 구원의 진리는 단순하지만, 그것이 각자의 삶에 유의미하게 다가오는 데에는 하나님의 은혜가 필요하다.

그리고 우리가 구원받을 수 있는 유일한 길은 나의 죄를 위해서 십자가에서 돌아가신 그 예수님을 나의 구주로 믿고 내 인생의 주인으로 받아들이는 것밖에 없음을 우리는 유념해야 할 것이다. 세상의 지식과 철학들이 우리를 구원의 자리로 인도할 수는 없다.

하나님, 미련한 우리 인생은 날마다 주의 공로를 모르고 살아갑니다. 믿는 우리는 성경 말씀을 통해서 하나님을 알고 하나님의 뜻을 깨닫고 살아가지만, "믿지 않는 이가 읽을 수 있는 유일한 성경은 우리의 삶이다."라고 합니다. 저희의 삶이 하나님이 기뻐하시는 향기로운 제사가 되게 하시고, 주위 사람들에게는 하나님의 살아계심을 나타낼 수 있는 그러한 유의미한 몸짓이 되게 하소서.

내가 순금같이 나오리라 욥기 23:10

　우리 역사를 돌아보더라도 기억하고 싶지 않은 사건들이 있듯이 우리 인생에도 모두 말하고 싶지 않은 아픈 사연들이 있으리라 생각한다. 인생에 있어서 한고비를 넘기면 또 다른 고비가 찾아오는 것처럼, 내게도 힘든 일을 해결하고 나면 또 다른 문제들이 찾아와 마음을 힘들게 한다. 이러한 것을 경험하며 우리네 인생은 '그러려니' 하고 받아들일 수밖에 없는 것 같다.

　12월은 모두가 바쁜 계절이다. 학교도 예외일 수는 없다. 한 해를 마무리하는 일도 해야 하고 새로 다가오는 새해도 준비도 해야 하기에 몸과 마음이 분주하다. 완벽하지 못한 인간이기에 바쁘게 일을 처리하다가 실수할 때도 많이 있는 것 같다. 바쁘고 힘들수록 주위의 사람들을 더욱 배려하고 이해하는 마음을 가져야 할 것 같다. 살맛 나는 세상을 만들어가기 위해서는 항상 일보다는 사람이 우선인 것을 잊지 않고 살아가야 할 것이다.

　매일 일어나는 사건과 사고의 뉴스들을 접하다 보면 어떨 때는 울분이 또 어떨 때는 안타까움을 느낀다. 어제는 '태안화력발전소에서 컨베이어벨트 점검을 하던 '만 24살 하청업체 노동자'가 컨베이어벨트에 끼어 사망한 채 발견됐다.'라는 마음 아픈 사건을 접하게 되었다.

　이 사건은 병든 사회의 일면을 보여준다. 기업의 목적이 이윤 창출이기는 하지만 인간의 생명과 존엄성을 너무나도 경시하는 사회 풍조가 너무나도 안타까울 뿐이다. '이러한 한국 사회가 우리 청년들에게 어떠한 꿈과 미래를 줄 수 있는가?' 한국의 정치와 경제 및 각계의 지도자들은 각성하고 변화를 위해 노력해야 할 것이다.

이뿐만 아니라 지난 10일에는 '카카오 카풀'에 반대하며 국회 앞에서 택시 기사가 분신자살하는 사건도 있었다. 자신의 목소리에 귀 기울여 달라는 외침을 '분신자살'이라는 극단적인 방법으로 표현했다. 미래사회를 이끌어 갈 주역이 될 아이들을 가르치는 교사인 내가 과연 학교에서 아이들에게 무엇을 가르쳐야 할지 고민스럽게 만드는 마음 아픈 우리 사회의 현실이다.

욥기 23장 10절에 "그러나 내가 가는 길을 그가 아시나니 그가 나를 단련하신 후에는 내가 순금(정금)같이 나오리라."라는 말씀이 있다. '욥'이라는 사람은 자신이 죄를 지은 것도 아닌데 인생에 있어서 많은 고난을 받자, 심지어 친한 친구와 아내로부터도 비난과 조롱을 받는다.

하지만 그는 그 고난의 시기에 타인과 하나님을 원망하지 않고 하나님의 말씀을 가까이하며 힘든 시간을 인내하며 보내었다. 그러자 욥의 말년에 하나님께서는 욥에게 처음보다 더 많은 복을 주셨다.

가끔 세상을 보며 의기소침할 때가 있다. 물론 나의 욕심이 내 인생을 힘들게 만든 것은 인정하지만, 왜 내가 이러한 인생길을 걷고 있는지 의아할 때도 있다. 그러나 '좋은 쇠는 뜨거운 풀무 불에서 백번 단련된 다음에 나오는 법이며, 매화는 추운 고통을 겪은 다음에 맑은 향기를 발하는 법'이라는 격언을 생각할 때, 나의 인생 여정도 좀 더 성숙한 그리스도인으로 자라게 한 하나님의 계획하심이라는 생각이 든다.

하나님, 나의 나 된 것은 하나님의 은혜입니다. 이 땅에서 살아갈 때 때로는 이해하지 못할 시련이 내 삶에 닥친다고 하여도 항상 하나님의 신실하심을 믿고 하나님만 바라보고 살아가게 하소서. 또한, 욥에게 임했던 하나님의 큰 축복이 저와 저의 가정에도 생기게 하소서.

주께서 심지가 견고한 자를
평강하도록 지키시리니 이사야 26:3

지난 7월 말부터 새벽 기도 나가고 신앙 일기를 쓰며 쉼 없이 달려와서인지 피로감을 많이 느낀다. 그리고 요즘은 나도 '갱년기'에 접어들어서인지 가끔은 우울한 마음이 들 때도 있다. 지나온 역사와 앞으로 다가올 미래를 생각해 보면 나는 21세기에 잠시 머물다가 갈 인생일 뿐인데, 세상 번뇌를 모두 짊어지고 살아 가는듯한 나의 모습을 볼 때면 나 자신이 안쓰러울 때가 있다.

지난 토요일에는 아내와 함께 저녁에 『국가부도의 날』이라는 영화를 보았다. 1997년 우리나라가 국제통화기금으로부터 구제금융을 받았던 당시에 나는 결혼을 한 시기였고, 역전세로 인해서 고통을 받았었다. 하지만 기업들이 파산하고 사람들이 생존의 위기에 몰린 것을 생각하면 나의 힘듦은 아무것도 아니었다는 생각이 든다.

영화를 보면서 우리가 여러 가지 매체를 통해서 보고 듣는 것이 다는 아니라는 생각이 들었다. 지금까지의 역사를 돌아보면 정부의 권력자들이 국민으로부터의 비난과 비판을 모면하기 위해서 역사를 왜곡시키는 것을 본다. 이 나라를 이끄는 지도자들이 진정 올바른 방향으로 이 국가를 이끌어 갔으면 한다.

어제는 저녁에 우리 부부가 교장 선생님이신 선배님과 저녁 식사를 할 기회가 있었다. 만남이 있기 전에 아내의 친구이자 후배가 그토록 자랑했던 선배님은 어떤 분인가 무척이나 궁금했고 나 또한 그분에게 인생의 조언을 듣고 싶은 마음이 간절했다.

예상했던 대로 선배님은 훌륭한 심성을 가진 분이셨다. 이야기를 나누면서 선배님도 학교에서 이른바 '문제아'라고 일컫는 아이들을 올바른 방향으로 많이 이끄셨다는 것을 알게 되었다. 나를 많이 인정해 주심에 감사했고 대화를 나누면서 내가 선배님과 통하는 점이 많다는 것을 깨달았다. 처음 만남이었지만 선배님이라 부담이 없고 즐거운 시간이었다.

이사야 26장 3절에 "주께서 심지가 견고한 자를 평강하고 평강하도록 지키시리니 이는 그가 주를 신뢰함이나이다."라는 말씀이 있다. 배가 바다를 항해하다 보면 거친 파도를 맞을 때가 있듯이 우리의 인생에도 고난의 파도들이 왔다 가곤 한다.

그리고 '이제는 인생의 힘든 여정이 다 지나갔겠지?' 하는 순간에, 또 고난과 걱정거리는 여전히 찾아오곤 한다. 닻을 내리고 있는 배가 요동함이 없듯이 우리 인생도 하나님을 향한 믿음이 견고할 때, 인생의 고난에 흔들리지 않고 평안한 삶을 살 수 있을 것이다.

그러나 신앙의 성숙은 그저 주어지는 것만은 아닌 것 같다. 이사야 26장 17절에 "여호와여 잉태한 여인이 산기가 임박하여 산고를 겪으며 부르짖음같이 우리가 주 앞에서 그와 같나이다."라는 말씀처럼 하나님을 간절히 찾고 또 찾는 그러한 부르짖음이 우리의 삶 속에서 있을 때 하나님을 체험하는 은혜가 있다고 생각된다.

인생에 거저 주어지는 것은 없다. 산모가 잉태하는 고통을 겪은 후에 새 생명을 맞이할 수 있듯이, 우리의 신앙도 하나님 앞에서 자신이 깨어지는 아픔을 경험한 후에 진정한 그리스도인으로 태어날 수 있다고 나는 믿는다.

하나님, 날마다 자신을 부인하고 나의 십자가를 지고 하나님과 세상을 향해 나아가게 하소서. 인생의 고난과 역경 가운데에서도 오로지 주님만을 바라보며 흔들리지 않는 견고한 믿음의 삶을 살아가게 하소서.

에필로그

　신앙 일기를 쓰기 시작하면서 내가 하나님을 통해서 받은 은혜와 기쁨을 내 주변의 사람들하고 나누고 싶은 마음에 카톡으로 가족과 지인들에게 보내기 시작했습니다. 그렇게 1~2명에게 보내기 시작한 글이 이제는 독자가 60명에 이르렀습니다.

　하지만 부족한 인생이었기에 부담감도 컸었고, 육체적으로도 너무 힘이 들어서 중단하고 싶었을 때가 한두 번이 아니었습니다. 그러나 그때마다 저의 독자들이 주신 답글이 저에게 감동을 주었고, 다시금 펜을 들게 한 원동력이 되어서 한 권의 책이 나오게 되었습니다. 그분들이 보내주신 격려의 글을 이 책을 읽으시는 독자들과 함께 나누고 싶습니다.

　좋은 글이 열매를 맺어 동시대의 삶을 살아가는 많은 이들에게 위로와 용기가 되었으면 좋겠습니다. 기도하며 책의 탄생을 기다립니다.

전영훈 M교회 장로

　혼자 보긴 아깝다. 좋은 공동체가 있어 늘 함께 나누면 도움이 될 것 같은데 좀 아쉽네~

조동제 작은형 M교회 선교사

도련님 일기를 읽으며 큰 은혜를 받습니다. 하나님의 나라의 백성으로 하나님의 통치를 받고 살아가는 모습 너무 귀합니다. 우리도 오늘 가구, 냉장고 사러 발에 땀이 나도록 다니며 사람들을 만나고 택시 기사와 얘기하며 복음 전하고 하루를 보냈습니다.

도련님, 이렇게 하루하루 승리해요~~

정현실 작은형수 M교회 선교사

하루를 시작하는 이른 아침, 새들의 지저귐과 함께 신앙 일기가 도착했음을 알리는 알람 소리는 심히 경건한 마음으로 읽게 된다. 특별할 게 없는 일상의 이야기이지만 그렇기에 더욱 '나와 같다'라는 생각을 하게 된다. 평범함 속에 비범함을 느낄 수 있는 바로 그것!

화려하지 않은 문체지만 절제된 내면의 번뇌를 이끌어 내며, 커피잔 속에 뜨거운 물을 붓고 '휘휘' 저을 때처럼 모든 것이 자연스럽게 풀어진다. '토마토 카페'라고 과하게 칭송해 주셔서 감사하고 믿음이 부실한 저에게 사랑의 말씀으로 전하시는 무던한 모습에 다시 한번 감사드립니다. 하시고자 하는 일을 실천하는 모습에 경의를 표하며 모든 일이 잘되기를 기원합니다. 파이팅~

이정원 토마토부동산 사장

선생님 글을 읽으면 누군가가 내 어깨를 토닥이고 마음을 쓸어주는 느낌을 받습니다. 그렇다고 너무 무리해서 괜한 의무감에 글을 쓰시라는 건 아니구요~^^

마음이 움직이실 때 쓰시면 좋을 것 같아요.

이현숙 B학교 교장

모든 일이 만족함 있게 진행되시길 바랍니다. 하나님의 뜻하심이 선생님을 통해 이루어 나가심을 감사하며 축복합니다. 항상 답장을 보내드리지는 못하지만 읽을 때마다 가슴을 부여잡고 소리 내어 울었던 적이 여러 번 있었습니다. 그리고 답장은 못 해도 마음은 기다리고 있어요.

잠시 쉬었다 다시 글이 도착했을 때가 생각납니다. 왠지 모르지만 '드디어 왔구나!'라며 너무 반갑고도 감사했어요. 매일 아니어도 여력이 되실 때마다 앞으로도 늘 부탁드려요. 선생님이 받으신 감사와 은혜가 저에게도 은혜와 감사가 되길 소원합니다.

서에스더 아내의 친구

Footprints in my life! 어렵고 힘든 순간에는 하나님이 함께 계신다고 느끼지 못하지만, 지나고 나면 나와 함께하신 하나님의 흔적을 깨닫게 된 저의 고백입니다.

전근형 믿음의 동역자

선생님 어젠 선생님의 좋으신 글과 성경 말씀을 읽고 도전을 받았습니다. 분주한 하루를 보내기도 했지만, 전화기를 집에 놓고 나가서 회신도 못 드렸습니다. 진강이의 스승이 아니고 늙은 나이에 좋으신 스승님을 만난 것처럼 기대됩니다.

앞으로 선생님과 소통하면서 신앙심도 더욱 커질 것 같습니다. 오늘 하루도 좋은 날 되십시오.

정명순 제자의 할머니

아이들에게 작은 기쁨이라도 줄 수 있는 선생님이 늘 행복해 보이고 그 행복이 가정에도 전달되니 이 또한 행복입니다. 선생님께서는 하나님께 선택을 받은 것이 분명합니다.
 늘 아이들과 있는 모습이 이것을 증명하네요.

정진경 직장 동료

 아멘, 아멘, 도련님 신앙 일기를 통해 많은 것을 알고 배우며 느끼는 것이 많아요~ 쓰는 사람은 힘들지만 이렇게 보는 저는 여러 가지로 느끼는 게 많아요~ 마치 책을 보는 것처럼 고마워요~ㅎ
 오늘도 파이팅하세요~♥♥

김경미 큰형수

 "내가 너희 가운데서 너희와 나의 믿음으로 말미암아 피차 안위함을 얻으려 함이라."
 아멘!!! 감사합니다.

김민정 직장 동료

 샬롬~ 감사합니다. 선생님 신앙 일기를 통해 신앙 일기에 동참하게 되는 마음이며 마무리 기도는 저의 신앙고백이기도 합니다♧

성문숙 직장 동료

어떻게 이렇게 일상을 잘 묘사하며 하나하나 일상을 그려나가는지 참 부럽네요~~

금방 한 일을 말로 하려 해도 이렇게 잘하진 못할 것 같아요~~

제부가 한 배려들로 상대방이 행복해하면 제부도 덩달아 행복해지는 게 꼭 부메랑 같네요.^^ 보잘것없는 내가 온전한 것 같아도 하나님 앞에서 허점투성인데 용서하며 베풀고 살아야 할 것 같아요~~

이영선 둘째 처형

굿모닝! 우주의 창조자이신 우리 하나님께서 조 선생님의 어린아이 같은 마음을 얼마나 기뻐하실까 생각이 듭니다. 오늘도 임마누엘의 주님과 멋진 승리를~~^^

김희자 (사) 소비자교육중앙회 군포지회장

30년 전 교회에서 만나 형-친구-동료로서 변함없는 신뢰와 우정을 갖고 지내는 근제 형이 『하나님 찬스』라는 신앙 에세이를 발간하게 되어 진심으로 축하드립니다. 2년 전 매일 카톡으로 보내주신 내용을 읽고 많은 감동이 있었습니다. 가정과 직장, 사회생활 속에서 누구나 경험할 수 있는 일들에 대해서 하나님의 뜻과 교훈을 성경과 결부시켜 고백의 형식으로 풀어낸 글은 희로애락을 겪으면서 살아가는 모든 이들에게 '나의 나 된 것은 모두 하나님의 은혜'임을 고백하게 할 것입니다. 매일 새벽을 깨우며 에세이를 준비한 근제형의 근면함에 하나님의 축복이 가득하기를 기도합니다.

신영철 오랜 지인

인생을 살아가면서 힘들고 지쳐있을 때 좋은 말과 좋은 믿음으로 마음의 치유를 이야기해 줄 때 위안과 격려를 받곤 했는데 삶의 혜안을 얻는 소중한 시간 속의 이야기를 책 출간을 통해서 여러 사람에게 함께 공유하게 된다니 아주 기쁩니다. 책이 출간되기까지 어려움과 고통을 누구보다 잘 알고 있기에 이번 기회를 통해 더 많은 이야기와 깊이 있는 생각들이 널리 퍼지기를 빌어봅니다. 삶 속에서 피어나는 아름다운 지혜들이 우리 인생을 살아가는 이정표가 되기를 기원합니다.

 다시 한번 책 출간을 축하하며 앞으로도 서로 격려하고 위로해 주며 토닥토닥 멋진 인생의 길을 걸어가 봅시다.

강정민 소울메이트

 한 가정의 가장으로, 교단의 교사로 순례자의 길을 걸어가는 믿음의 친구에게 감사와 응원을 보냅니다.

황혁수 춘천CCC 이사장

 러시아의 작가 톨스토이의 명작 소설 『안나 카레니나』의 서문에는 "행복한 가정은 모두 비슷한 이유로 행복하지만, 불행한 가정은 저마다의 이유로 불행하다."라는 이른바 안나 카레니나 법칙으로 잘 알려진 문구가 있는데 지인 조근제 님의 저서 『하나님 찬스』에는 우리가 불행한 이유와 그 불행을 극복하고 행복으로 가는 길을 안내하는 매우 평범하면서도 진실을 다루어 마치 길을 잃고 헤매는 방랑자에게 길을 밝혀주는 한 줄기 빛 같은 이야기를 들려주고 있다.

김광원 드라마 작가

『하나님 찬스』라는 한 권의 책이, 읽는 이에게는 위로와 소망을 주기를 기도합니다. 또한, 이 책이 한 사람의 영혼이라도 주께로 인도할 수 있는 길잡이가 될 수 있었으면 합니다.

이영숙 아내